LOUIS MUZAT

L'IDÉE

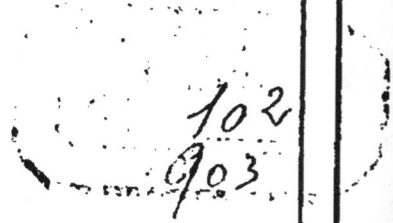

PARIS

LIBRAIRIE VIVÈS

13, rue Delambre, 13

1903

L'Idée

LOUIS MUZAT

L'IDÉE

PARIS

LIBRAIRIE VIVÈS

13, rue Delambre, 13

1903

A Monsieur Henri R..

INTRODUCTION

Mon cher ami,

Alors que les générations succèdent aux générations, apportant chacune à l'âge qui les voit vivre des systèmes que leurs hommes de génie ou de talent s'efforcent de présenter comme la panacée qui doit guérir les maux de la société contemporaine, vous vous étonnez du renversement produit entre l'idéalité et la réalité et du contraste marquant le passage de la théorie à la pratique.

Vous vivez seul et isolé, au milieu d'un monde que vous ne comprenez plus, parce que, dites-vous, vous entendez l'affirmation dans la parole et vous lisez la négation dans les actes ! Tant qu'un parti n'est pas au pouvoir vous l'écoutez revendiquer les droits de la pensée contre la force brutale. Mais aussitôt qu'il a franchi le seuil du sanctuaire où se font les lois et d'où l'on dirige les peuples, les hommes qui le forment, abandonnent leurs raisonnements, et illogiques, inconséquents avec eux-mêmes, ils se lancent sans honte et sans retenue dans les erreurs qu'ils ont démasquées chez leurs adversaires.

C'est malheureusement le propre de tout être collectif ou individuel que de songer avant toute autre chose, une fois appelé à l'existence, à sa propre conservation : *struggle for life*. Un parti contraire et menaçant surgit-il? Il faut le détruire; et les lois s'élaborent sous une forme nouvelle, mais sur un fond ancien, destructives et oppressives de la pensée qui vient d'éclore.

Par le fait, ce que vous sentez, c'est la lutte entre la force matérielle et la force idéale ; et vous vous demandez avec une angoisse bien légitime, après avoir parcouru l'histoire, témoin exact et scrupuleux de cette lutte séculaire, qui triomphera de la première ou de la seconde de ces deux forces.

Vous me dites encore que toutes les institutions, qui jusqu'à présent avaient semblé représenter *l'Idée*, semblaient s'effacer, disparaître et sombrer dans l'universel naufrage de l'ambition, de l'argent et de l'intérêt.

Désenchanté, désillusionné aux premiers pas de la vie, ému et bouleversé par le spectacle attristant des compromissions ambiantes et des mondaines conventions, vous avez cherché où fixer vos regards ; où jeter l'ancre de vos jeunes espérances ; où vous accrocher pour ne point voir s'évanouir ces principes de raison et de liberté

que vous avez reçus de votre famille et que
la lecture des livres sains et féconds avait
développés au fur et à mesure que vous mû-
rissiez votre adolescence. Le doute lui-
même est venu frapper à votre porte, et un
moment découragé, hésitant, presque scep-
tique, n'osant même plus interroger votre
conscience, vous avez fermé le livre ini-
tiateur de la société moderne, le livre où
par excellence, l'Idée se manifeste et règne,
pensant que, là aussi, la sincérité était
absente, parce que les actes des hommes
chargés d'interpréter les paroles du Christ
manquaient de concordance avec les enseignements de leur Maître.

Eh bien! mon cher ami, malgré la défaite apparente de l'Idée, les victoires de la
force brutale, les trahisons de ceux qui ont
fait vœu de vivre et de mourir pour la
forme idéale, celle-ci triomphera finalement. Peu importe le temps. La question
est de tous les âges. Il s'agit de savoir si

l'Idée l'a emporté, l'emporte ou l'emportera sur la matière. Or à cette demande, le passé, le présent et l'avenir répondent : le triomphe de l'Idée est certain. Il s'accomplira.

Mais pour cela, je veux vous entraîner dans une étude complète de l'Idée. Je veux vous la montrer dans ses origines et sous les phases diverses où il nous est permis de la contempler. Lorsque vous l'aurez ainsi envisagée sous tous ses aspects, lorsque vous aurez pénétré sa nature, soulevé le voile qui nous cache ses évolutions et nous dérobe le secret de sa puissance difficilement saisissable, vous serez assuré que le triomphe final lui appartiendra, parce que ce triomphe lui sera apporté par le progrès indéfini d'une humanité supérieure telle que nous ne la concevons pas encore, mais que nous finirons par entrevoir.

1.

CHAPITRE Ier

Origines et nature de l'Idée.

Sans aborder les discussions d'école qui
doivent rester en dehors de notre sujet et
qui d'ailleurs n'y trouveraient nullement
leur place, il importe cependant que nous
connaissions au moins la nature de l'Idée
et ses origines.

Cette connaissance est indispensable pour
saisir l'enchaînement des questions déve-
loppées dans ces quelques pages. Elle est
nécessaire à tous ceux qui, parcourant ces
lignes, pourront, les uns, avoir oublié les
théories relatives à la nature et à l'origine

de nos idées, les autres, ne les avoir jamais connues.

Or dans son acception la plus étendue et en dehors des divisions et des distinctions établies par les logiciens, l'Idée constitue la vision de l'esprit. Peut-être trouvera-t-on ce terme un peu trop général. Cependant il est juste, parce qu'il dérive du sens même indiqué par le mot dénominatif de l'Idée. Ce mot tiré du grec, signifie voir : εἴδω. Or l'esprit voit, tout comme l'œil, le plus noble et le plus parfait de nos sens ; et la vision, produit de la sensation visuelle, semble avoir été appelée, par analogie, à désigner l'Idée, résultat de l'opération intellectuelle. Toutefois, pour préciser ce qu'il pourrait y avoir de trop vague dans cette définition, disons que l'Idée est la formule intellectuelle la plus simple de l'être ou de la chose entendus.

Toutefois il est une idée à qui cette dénomination ne convient qu'imparfaitement.

Elle naît d'abord des sens, de l'observation interne ou du travail de l'intelligence sur les données expérimentales ; puis elle s'épure, se transforme et s'immatérialise en gravissant les degrés qui la séparent de son point d'ascension. Elle représente alors dans son immatérialité, le concept plus ou moins vrai, quelquefois faux, mais toujours sincère, chez l'homme sérieux, d'une contingence matérielle ou spirituelle. Elle s'absorbe, en ce cas, dans le relatif, le particulier, l'individuel, le possible, le divers, le fini et le multiple ; et son élan brisé par le manque d'essor lui interdit de franchir le seuil de l'Absolu, de l'Universel et du Nécessaire. Elle s'attache à ce qui passe, change, apparaît et meurt. En un mot, elle est le type amoindri, fluctuant, déformé et imparfait de l'Idée.

Celle-ci, au contraire, seule digne de fixer nos regards et de solliciter notre attention, puise l'existence hors du sujet pensant et des choses matérielles. Cachée dans les replis de l'entendement, où elle est semée depuis la création de cet entendement, mais indépendante en soi de la raison et des phénomènes qui émeuvent notre sensibilité, l'Idée, telle que nous la considérerons, attend impatiemment l'heure où il lui sera donné de manifester en leur universalité, nécessité et réalité, les principes directeurs et les lois régulatrices de l'Incréé et du Créé.

Cette heure sonne au jour où la raison s'éveille, au jour où curieuse de se connaître et de pénétrer le milieu ambiant, l'âme s'achemine, à la lumière des axiomes fondamentaux, en se repliant sur elle-même et sur le monde extérieur, à travers le masque des évolutions successives et des apparences changeantes de la matière, jusqu'à la science d'un Principe éternellement subsistant, infiniment et incessamment actif, réellement distinct de la raison qui le conçoit et du monde qui le reflète et le dévoile (1).

Ce principe constitue l'Etre par excellence, l'Etre dont l'essence, la nature, les attributs, les qualités sont indivisibles et inséparables du sujet, qui rayonne et resplendit dans l'âme humaine par les traces idéales de vérité, de Beauté, de Bonté, de Droit et de Justice, gravées en caractères ineffaçables au fond de toute *conscience* individuelle et sociale, et jusque dans le *sensorium* obscur de la nature entière.

C'est de l'Idée ainsi comprise que nous écrivons. C'est elle que nous poursuivrons sur les hauteurs où habitent le Vrai, le

(1) La certitude de la science vient tout entière de la certitude des principes ; et, cette certitude vient des lumières de la raison, qui a été divinement implantée dans l'intérieur de notre âme (Saint Denis).

L'homme ne constitue pas les lois nécessaires : il les aperçoit, il les reconnait, mais il ne les crée pas. Elles ont donc une existence réelle et indépendante de lui, en un mot, elles sont absolues. (Cousin, *Du Vrai, du Beau et du Bien.*)

Beau, le Bien, le Droit et le Juste absolus.
C'est elle que nous contemplerons, étonnés
de sa puissance et de sa faiblesse, subjugués
par sa voix entendue au plus intime de
nous-mêmes, attirés par les clartés de
l'évidence qui l'enveloppe et par la certitude
d'une existence que rien ne peut modifier ou
détruire.

Car cette existence n'est point le résultat
d'une opération intellectuelle, comme le
prétendent Hégel et Fichte qui refusent
l'être à tout ce qui n'est pas le moi ; ni celui
de l'identification de la raison créée et de la
Souveraine Raison, comme le voudrait
Kant ; ni le produit d'une sensation plus ou
moins transformée et réduite par l'attention
ou la considération de l'esprit, comme l'établissent, Condillac, Locke et l'école sensua-
liste. Elle est, au contraire, la fin de l'opération intellectuelle fondée initialement et obs-
curément sur la sensation ; la distinction
éblouissante entre l'entendement humain

et l'entendement divin. Elle est une réalité d'abord confuse, que le contact sensible découvre et dégage, qui se détermine par le passage du particulier au général, du concret à l'abstrait, du relatif à l'absolu, du contingent au nécessaire, et apparaît finalement, aux yeux de l'esprit, environnée de la splendeur d'une éternelle vie (1).

Voilà l'idée.

Pure et radieuse en son immatérielle beauté, elle plane au-dessus des compromissions et des fanges terrestres. La passion se tait devant elle, et l'âme seule s'incline en la muette adoration de sa divinité.

(1) L'absolu n'est pas une dérivation de la nature physique, ni un produit de la sensation. Il n'y a là. ni plaisir, ni peine. Ce n'est pas une impression que je subisse comme je subis la joie ou la douleur. J'arrive donc à ce résultat : ce qu'on appelle la Vérité est en moi et n'est pas moi. L'erreur de Kant est d'avoir fait équation entre la raison suprême et la raison humaine. La vérité est indépendante de l'homme : de même que la sensibilité met l'homme en rapport avec le monde physique, de même une autre faculté le met en communication avec des vérités qui ne dépendent ni de la nature, ni du moi. (Cousin, *op. cit.*)

Car l'Idée est divine. Elle reflète harmonieusement la nature de Dieu. Elle est la forme de l'Etre suprême, et c'est par elle que nous concevons quelque chose de Lui.

Or le but de la vie intellectuelle, le point extrême et dernier vers lequel tend sans cesse l'âme qui sait ou veut savoir, n'est-il pas la connaissance de l'infini ? — L'esprit s'agite dans sa prison corporelle. Il se heurte aux murs étroits de son domaine. Il voudrait les franchir ; il ne respire, il ne vit que dans les sphères idéales, et au-delà de ces sphères, il aperçoit celle qui attire toutes les autres et vers laquelle, tout homme vraiment homme, se sent invinciblement emporté.

Les sens mêmes s'enflamment aux attraits de l'Infini. Voir le type idéal et éternel du Beau ; se crucifier dans la loi souveraine du Devoir ; donner son sang pour la cause transcendantale de la Justice et du Droit,

ne sont-ce point là les sentiments qui sui-
vent la vision de l'esprit (1) ?

Tout notre être va donc vers l'Infini.
L'intelligence cherche à le comprendre ; la
volonté à l'aimer ; les sens à s'en pénétrer.
Au delà, nos facultés ne saisissent plus rien :
Dieu est le point d'arrêt de la pensée hu-
maine.

Or, si l'âme conçoit la nécessité de l'existence de l'Être suprême, elle est cependant
impuissante à satisfaire le désir de concevoir
son essence ou de l'imaginer. Vainement
elle s'irrite devant les voiles mystérieux qui
recouvrent le divin inconnu. Vainement

(1) Au jugement sévère et froid de la raison vient se
joindre un sentiment agréable, qui se change en un
sentiment contraire dès que la raison saisit le contraire
du vrai, du beau et du bien. — Ainsi le beau et 'e laid,
conceptions absolues de la raison, sont toujours accom-
pagnés de plaisir ou de peine, sentiment purement
subjectif. Qu'un acte conforme à la loi 'du devoir s'ac-
complisse sous nos yeux, non seulement nous portons
un jugement à ce sujet, mais encore nous éprouvons
une émotion agréable. Si l'acte est notre ouvrage, le
plaisir est plus vif. (V. Cousin, *op. cit.*)

elle s'acharne, être fini, à figurer ou à mesurer l'Être sans figure et sans mesure, le sanctuaire où réside la Divinité, lui demeure hermétiquement fermé.

C'est alors que l'Idée s'offre à nous reflet immuable, éternel, universel de l'absolu.

Elle paraît et tout s'éclaire, se réchauffe et s'harmonise ; car, elle est le rayon du soleil des intelligences et des cœurs ; le feu jaillissant de la rencontre de la raison suprême et de la raison créée; le chant qui part de la création et s'oriente vers le ciel.

Elle traduit le λογος de Platon, le *Verbum* des chrétiens et se fixe ainsi dans une réalité accessible à tous les esprits.

L'homme même le plus ignorant, distingue entre le Vrai et le Faux ; le bien et le mal ; le beau et le laid ; le juste et l'injuste. Il sent en l'intime de son être quelque chose se révolter quand le droit est lésé, la vérité défigurée ou le bien moqué. Et ce

quelque chose qui se raidit et ne veut pas
fléchir devant l'injustice, le mal et l'erreur,
c'est la conscience dirigée, gouvernée, pos-
sédée par la forme idéale des notions créa-
trices de toute science et de toute mora-
lité.

S'occuper de ce qui passe, change, peut
être ou n'être pas, c'est un leurre. Or telle
est l'étude de la forme idéale, résultant de
l'expérimentation. Sa nature est em-
preinte de relativité, et, comme l'objet
qu'elle représente, elle est sujette à la va-
riation, au changement dans le mode d'exis-
ter, à la possibilité de l'existence ou au non-
être.

A l'âme immortelle, il faut une connaissance immortelle, connaissance qui com-
mencée et balbutiée ici-bas, s'achève et se
perfectionne là-haut. Or telle est la science
de la forme idéale déposée par Dieu dans
l'âme humaine. Cette forme attend l'impression qui éveillera la raison, pour pa-

raître revêtue d'une parure d'universalité, de nécessité, d'immatérialité et d'éternité.

Cependant cette forme idéale elle-même se diversifie, tout en restant la même, se divise, tout en restant unie. L'Etre suprême qui constitue la substance de l'Idée est exclusivement un. En lui donc toutes les formes idéales se réduisent et se convertissent. L'infini est, en effet, toute vérité, toute beauté, toute bonté, toute justice, toute équité, toute liberté. Mais pour l'intelligence humaine qui ne peut saisir la substance sans en abstraire la forme, il est évident que l'Idée se présentera à elle, tantôt sous la forme de vérité, tantôt sous la forme de beauté, tantôt sous une autre forme indépendante, universelle et nécessaire quelconque mais toujours absolue. En un mot, l'Idée reste indivisible, comme la substance même de l'Infini dont elle-même est la céleste émanation ; mais elle rayonne dans tous les sens, et chacune de ses radia-

tions fait naître absolument l'idée du divin,
du vrai, du bien, du beau, du juste, du droit,
du devoir, du mérite, du démérite, de la
liberté, de l'équité et de la fraternité.

Ces notions sont éternelles et immua-
bles comme le dit si parfaitement Bossuet :
« Elles subsistent devant tous les siècles et
devant qu'il y ait un entendement humain.
Et quand tout ce qui se fait par les règles
des proportions c'est-à-dire tout ce que
je vois dans la nature, serait détruit, ex-
cepté moi, ces règles se conserveraient dans
ma pensée ; et je verrais clairement qu'elles
seraient toujours bonnes et toujours vérita-
bles, quand moi-même je serais détruit, et
quand il n'y aurait personne qui fût capable
de les comprendre. »

Pourquoi ?... Parce que toutes ces idées
sont une seule et même idée, laquelle subsiste en son objet, c'est-à-dire en Dieu
conçu par l'esprit borné de l'homme,
comme raison suprême et souveraine ;

comme l'être premier ; comme l'être immense et éternel ; comme l'être infiniment sage, infiniment parfait, infiniment juste, infiniment bon, infiniment beau, infiniment saint !

CHAPITRE II

Puissance de l'Idée.

Ce serait une erreur de croire que l'Idée ne parle qu'à la raison. Elle s'adresse également au cœur. De la contemplation de l'Idée naissent en nous des sentiments qui influent sur l'organisme individuel et collectif. Il n'y a rien là que de très naturel ; et la saine philosophie est obligée d'admettre que si les facultés de l'âme se complètent, il faut nécessairement que la volonté suive l'intelligence, adhère à ce qui lui est présenté comme un bien, comme un but satisfaisant ses aspirations et ses désirs.

Nous pouvons donc aimer l'Idée et l'aimer jusqu'à la passion, jusqu'au sacrifice,

2

jusqu'à la mort (1) ; et les individus comme les peuples, l'ont aimée jusque-là.

C'est qu'en effet, dans la Vérité qui ravit notre intelligence, dans la Beauté qui charme nos yeux, le Bien qui féconde et élève nos actes, le Droit qui les consacre, le Devoir qui les surhumanise et les purifie, la Liberté qui les ennoblit, la raison découvre de multiples motifs d'amour.

Or ces motifs excitateurs de notre amour, par un phénomène contraire et une disposition particulière de l'âme, ont également la puissance de susciter notre haine. La haine naît de l'amour. Nous pouvons donc également haïr l'Idée !... Est-il bien nécessaire de l'affirmer et l'expérience quotidienne ne nous fait-elle pas comme toucher du doigt la lutte acharnée, sans trêve et sans

(1) Les chrétiens, ainsi que Platon, ont reconnu le vrai, le beau et le bien, et ont rapporté ces trois idées à l'être absolu ; mais ce que n'avait pas fait Platon, ils ont ajouté à la raison qui saisit Dieu et ses formes la sensibilité qui s'émeut de joie et d'amour. (V. Cousin, *op. cit.*)

merci, que la force matérielle mise aveuglé-
ment au service des idées relatives déclare
à l'idée absolue ?

En cette lutte, l'Idée paraît quelquefois
désemparée, vaincue, accablée par la force
brutale. Mais si, à travers les siècles on suit
les phases innombrables de ce combat continuellement renaissant et qui n'aura de fin
qu'au jour suprême, on pressentira à certains indices, à certains détails, les signes
précurseurs du triomphe final de l'Idée.

Car il n'y a rien de plus fort que l'amour.
Il a vaincu la mort et il vaincra par conséquent la haine qui, semblable à la mort, n'est
qu'une négation.

De la foi en leur sainte cause (1), surgit

---

(1) L'homme par lui-même n'est rien. C'est un
ballon qui n'est lui-même qu'un vaste chiffon, dont la
grandeur, la beauté et la puissance dépendent unique-
ment du gaz qui le remplit ; ce gaz se nomme religion,
liberté, orgueil, colère, etc. En un mot tout dépend du
sentiment moral qui enflamme l'homme et qui aug-
mente ses forces sans mesures. (*Lettres et opuscules* de
de Maistre, tome I.)

l'aube des mystérieux espoirs qui soutien-
nent dans la bataille, les soldats de l'Idée.
Que leur importe le nombre, la valeur, l'habileté, la force, le prestige de leurs adversaires ? N'ont-ils pas un stimulant sacré
dans la forme idéale pour laquelle ils combattent ? Ils la voient planer au-dessus de
leurs phalanges ; et lorsqu'ils tombent
frappés à mort, ils savent à n'en point
douter que de leur sang germera un essaim
de combattants nouveaux. Les martyrs
d'une cause engendrent d'autres martyrs, et
enfin des vainqueurs. L'histoire nous en est
un témoin dont il semble difficile de récuser
le témoignage. A l'ombre reposante et vivi-
fiante de ses pages, l'âme y mûrit sa jeu-
nesse et se sépare des préjugés ou des passions du moment. Elle réchauffe son énergie aux claires visions du passé et prépare
dans le recueillement qu'imprime la majesté
des âges, les jours de l'avenir.

Or que lit l'âme dans les livres qui racontent les luttes, les espérances, les victoires et les gloires de l'humanité? Quels monuments y retrouve-t-elle de la puissance de l'Idée.

Aussi loin que nous puissions porter nos regards sur les origines humaines, partout nous voyons que l'Idée aimée, comprise et servie, forme les peuples et les individus, et les fait grands.

L'Egypte et les royaumes asiatiques, en l'obscurité des temps et au lointain de leur distance, subsistent de la foi et du respect qui s'attachent pour la masse, à l'idée théocratique de la monarchie, fixée pour ainsi dire, dans les usages immémoriaux et fidèlement transmis.

La Grèce n'envisage l'existence et ne veut la conserver qu'avec la liberté. Cette idée liée à celle de patrie, dirige toutes les entreprises extérieures ou intérieures des petites républiques qui composent la Grèce ancienne et des hommes qui ressuscitent la Grèce moderne. Sans doute ces deux formes idéales se voilent et s'obscurcissent au cours des âges ! mais quand la collectivité, stupide devant l'infortune et la fatalité, semble oublier les énergies de la race, des groupements d'individualités ou des individualités seules, rappellent au monde étonné, l'amour immortel des Hellènes pour l'indépendance de leur sol et de leurs traditions.

Quels souvenirs que ceux évoqués par les noms illustres de Miltiade, Léonidas, Xantippe, Pausanias, Thémistocle et Cimon ! Une poignée de braves, luttant contre des millions d'hommes (1) ! La liberté de penser, d'aimer, de parler, d'agir, se mesurant avec la servitude de l'intelligence et des sens ! Quel décor que cette terre fameuse où surgissent au premier plan les

(1) L'armée de Xerxès comptait : 1.700.000 fantassins, 90.000 cavaliers, une multitude de chars de guerre, de chamaux, de cuisiniers, d'esclaves et d'eunuques. Le dénombrement total est évalué à 2.500.000.

lieux célèbres de Marathon, Salamine, les
Thermopyles, Platée, Mycale et l'Eury-
médon ! Une énergie, l'Idée, domine les
hommes et les choses et les entraîne invin-
cibles, à la défense du Droit, de la Justice,
de la Patrie et de la Liberté. Le feu qu'elle
allume a pu diminuer son éclat, et paraître
s'éteindre ; mais des cœurs sont là qui veil-
lent sur les cendres. Au souffle héroïque
des Armatolis et des Pallicares, une étin-
celle jaillit du foyer presque refroidi. Les
exploits d'Odysseus, de Botzaris à Misso-
longhi, de Kanaris à Ténédos, réveillent
l'écho assoupi de l'Hymette et du Pinde.
En un mot le même Idéal enfante, après
des siècles, les mêmes héroïsmes et les
mêmes martyres.

Les Romains, comme les Hellènes, n'ont
qu'un amour, la Patrie. Ils se groupent autour de cette idée abstraite qui prend corps
dans le sol, les coutumes, le ciel, les tom-
beaux, les dieux, le gouvernement du pays.

Les luttes sont sanglantes à l'origine entre les partisans de la royauté et de la république. Elles outragent même la nature. Dans la suite, elles se perpétuent entre les patriciens et les plébéiens. La guerre civile fait sa triste apparition. Mais surviennent l'ennemi, l'étranger, le barbare ? Aussitôt les divisions intestines s'évanouissent et l'idée patriotique conduit unis au combat ceux que les dissensions séparaient la veille.

Le Romain vivait donc pour la patrie et jusqu'à la dernière goutte, son sang appartenait à la grandeur et au salut de Rome. Dans la guerre latine, à la bataille du Vésuve, Decius Mus se dévoue aux dieux infernaux pour appeler la victoire sur ses légions. Son fils en fait de même à Sentinum ; et lorsque plus tard, dans les guerres puniques, Annibal, par les victoires de la Trébie, de Trasimène et de Cannes, met la République à deux doigts de sa ruine, le

Sénat trouve encore assez de vaillance en son patriotisme pour féliciter les consuls de n'avoir point désespéré du salut de Rome.

Parmi les peuples que la conquête romaine veut asservir, l'Espagne et la Gaule se signalent par une opiniâtre résistance, Viriathe et Vercingétorix! qui donc les anime eux et leurs soldats en leurs revendications et leur révolte? L'Idée, se manifestant dans le droit qu'ont toutes les nations de vivre libres, de garder leur religion, leurs coutumes et leurs lois.

Sans doute l'Idée est une puissance capable d'entraîner les peuples à la victoire, de les délivrer du joug et de leur conserver leur autonomie. Elle peut même avantageusement remplacer la force matérielle; à une condition toutefois: il faut que ceux qui en reconnaissent toute la beauté et toute la vérité gardent leurs rangs étroitement serrés.

Ce fut le manque d'union qui réduisit

l'Espagne et la Gaule en provinces romaines. La trahison au service de la force matérielle ou monétaire, y prêta la main, et ces deux nations courageuses faites plutôt pour vaincre que pour mourir, malgré le fier idéal de leur indépendance patriotique, durent se résigner à la privation de leur autonomie.

La France au xive siècle faillit subir le même sort. Elle se ressaisit cependant sous la bannière de Jeanne d'Arc, symbole de l'idée religieuse et patriotique française. Les Anglais reculèrent ; et lentement peut-être mais sans se retourner, leurs armées regagnèrent les rivages brumeux de leur pays.

Au xviiie siècle, la Pologne trop tardivement émue sur les conséquences de ses divisions devait s'appuyer sur la même force idéale pour essayer de reconquérir son homogénéité et son *self government*. Malheureusement cette tentative échoua. Les Polonais n'ont jamais pu s'entendre ; et lorsqu'ils s'y sont décidés, l'heure était passée de songer à recouvrer leur liberté. Les martyrs n'ont cependant pas manqué à leur cause ; et il ne faut pas douter que tant de sang répandu, tant de preuves d'héroïsme données, religieusement et secrètement gardées dans les cœurs, ne contraignent les événements à rouvrir une question qui semble définitivement résolue.

Hier encore, les Boërs étonnaient le monde par leurs succès. Qu'était leur nombre comparé à celui des armées anglaises ? Ils furent cinq contre cent. Néanmoins leur faiblesse devint force quand on se rappelle que l'Idée du Droit et de la Justice présidèrent à tous leurs actes et guidèrent toutes leurs convictions. Ils se sont longtemps avancés la main dans la main, car ils eurent une même foi et un même amour : leur liberté et leur patrie. Comme les Suisses à Granson et à Morat, les Boërs s'immortalisèrent à Bloemfontein et à Mafeking, par leur bravoure, leur loyauté et leur générosité. Ils ont succombé, trahis par la fortune, attristés par les défections, surpris par les souplesses de la diplomatie anglaise, écœurés par la neutralité obstinée des autres Etats, décimés enfin par la maladie, la barbarie de leurs adversaires et la mort.

Est-ce à dire pour cela, que dans cette défaite l'Idée fut vaincue ? Peut-on conclure à son désastre ? Non. Elle sort victorieuse de la lutte, aussi dominatrice que par le passé. Momentanément elle a subi l'éclipse que lui a infligée la force brutale. Mais cette force s'usera comme tout ce qui est relatif et passager.

Est-ce encore à dire que l'Idée pour subsister, a besoin du secours des énergies physiques ? Sans doute, de bons fusils et d'excellents canons ne diminuent en rien son prestige. Ils l'établissent au contraire ; ils le fortifient ; ils en augmentent l'éclat.

Néanmoins, affirmer une pareille nécessité, ce serait confesser une indigence incompatible avec l'énergie attractive et élévatrice de l'Idée. Celle-ci subsistera donc. Sa puissance vient des intelligences et des volontés qui se donnent à elle ; et ce sont les intelligences et les volontés qui gouvernent et conduisent le monde.

Les collectivités ou sociétés formées par les liens de l'esprit et du corps ont donc vécu par l'Idée, et selon que cette dernière a disparu de leurs préoccupations dominantes, ou a essayé de reparaître dans leur existence, ces peuples sont tombés ou ont tenté de se relever. Sans doute, ils eurent contre eux la force matérielle entraînée par les idées relatives, et par conséquent plus ou moins erronées et sincères ! mais que peut l'énergie matérielle contre l'énergie idéale ou morale absolue ? Vainement les hommes s'acharnent contre le Droit, la Liberté, la Patrie, la Vérité, la Beauté, la Bonté : il arrive une heure où l'Idée triomphe avec d'autant plus d'éclat qu'on la croyait à jamais vaincue.

Et si les nations en tant que nations peuvent disparaître, l'humanité qui survit à tout, conserve en son âme et conscience, l'espérance en une justice que rien n'influencera. La force aveugle, nous l'avons dit, peut remporter aujourd'hui la victoire (et qu'est-ce qu'un ou plusieurs siècles rapportés à l'éternité ?) cependant que, par un juste retour des choses d'ici-bas, et comme si elle était poussée, par les secrets desseins du Droit éternel, vers sa perte, l'oppression en courant au triomphe s'avance vers sa chute. Le besoin de s'agrandir, d'augmenter leurs ressources, d'étendre leurs limites, de se couvrir de pourpre et de gloire, sont pour les puissances de la terre des dissolvants qui agissent lentement, mais sûrement. L'empire romain, l'empire d'Alexandre, celui de Charles-Quint, celui de Bonaparte ne tomberont pas seuls dans les abîmes vengeurs de l'Idée outragée !

CHAPITRE III

Puissance de l'idée divine,
en particulier.

La puissance de l'Idée est donc incontestable. Elle régit les peuples et les individus. Les plus grands hommes, nous l'avons vu et nous le verrons dans la suite, ont été dominés par elle ; et c'est aux hommages rendus à l'Enchanteresse céleste, que les penseurs, les philosophes, les sages, les poètes, les capitaines et les chefs d'Etat doivent leur glorieuse renommée.

Cependant de toutes les formes idéales conquérantes et séductrices des âmes, il en est une dont l'empire persiste plus particulièrement formidable, malgré la haine et la persécution, et auquel nul ne se soustrait impunément. Je veux parler de l'idée divine.

D'une essentielle abstraction, elle s'enveloppe cependant sous l'impulsion croyante en une personnalité (1) douée d'une vie réelle et d'une sollicitude qui se porte aussi bien sur l'individu que sur la société. C'est là le secret de sa puissance. Conçue également par la foule lettrée et par la masse ignorante, cette idée acquiert sur tous les esprits sincèrement épris de la grandeur, une autorité que rien n'est capable de limiter. Il serait superflu de rappeler, parce qu'on l'a trop souvent répété, que la vie de l'homme, les biens du sang et l'amour terrestre, disparaissent devant cet autre amour, complètement détaché des sens, que

(1) Quand on passe des idées absolues à l'être qui les soutient, de la forme à la substance, du reflet à la lumière, de l'extérieur du temple au sanctuaire, où habite toute vérité, toute bonté et toute beauté, l'amour change d'objet : ce n'est plus l'idée que nous aimons, c'est l'être, et ici, expire la haine. (V. Cousin, *op. cit.*)

le cœur entraîné par l'intelligence voue a l'Idéal divin.

L'histoire des religions n'est-elle pas remplie des faits merveilleux suscités par l'enthousiasme de leurs adeptes ?

Dans la persécution déclarée par Antiochus de Syrie au culte hébraïque, les noms d'Eléazar et de la mère martyrisée avec ses sept fils, reviennent sans cesse au bout de la plume, comme des modèles de foi indomptable et de souveraine énergie. Leur courage conquit l'admiration du bourreau couronné et de ses aides, au dire de l'Ecriture, parce qu'ils estimaient les tourments comme des riens.

Sur ce même sol qui vit couler le sang des Juifs fidèles à leur religion et à leur culte, s'élève tout à coup l'aube radieuse du Christianisme. Avec elle va s'ouvrir l'ère d'une liberté et d'une fraternité volontairement ignorées du monde ancien et opprimées par lui. Peut-être croirez-vous que son apparition fut saluée par des cris de délivrance et des acclamations de victoire ? Des supplices que l'imagination d'une humanité en délire pouvait seule inventer, répondent aux paroles de paix et d'amour des apôtres de l'idée chrétienne. Les récits du livre des Machabées pâlissent devant l'horreur des gestes inscrits aux martyrologes de la chrétienté. Bûchers, croix, chevalets, tisons de feu ou de fer rougi, cirques où se ruent des bêtes affolées et féroces, baquets d'huile et de poix bouillantes, torches vivantes éclairant les jardins de César, voilà les épreuves qu'ont dû subir la conscience et la pensée humaines pour recouvrer leur liberté. Le monde ne méditera jamais assez de pareils enseignements. A travers les pages qui les racontent, passe un souffle que la terre jusqu'alors n'avait point connu. La simplicité dans le courage, la sérénité dans la lutte, le calme devant la mort, la paix dans les suprêmes angoisses,

le rayonnement d'une joie nouvelle dans
les yeux qui se ferment, quel spectacle ! Et
songez qu'il a duré près de cinq siècles !
cinq siècles pour rendre sa dignité à l'homme
et remettre en sa mémoire le souvenir de
sa divine filiation ! cinq siècles pour la résurrection et la rénovation d'une humanité
que l'âge d'or lui-même n'avait fait qu'entrevoir.

Car ce n'est plus de telle ou telle portion
de l'humanité qu'il s'agit dans cette lutte
solennelle et mémorable. C'est de l'humanité entière. Les peuples et les individus
sont conviés à se soustraire sans révolte,
mais seulement par la persuasion, à l'oppression des systèmes qui accordaient tout
à la force et qui refusaient tout à la faiblesse.
La droite raison ramenée sur la terre par le
Verbe éternel, occupe de nouveau l'âme de
l'homme, son sanctuaire ; et la volonté du
Bien reconquiert ses droits sur la frénésie
du mal. L'humanité se reprend; et rappro-

chés par une même communion de pensée et de souffrance, les hommes renouent dans la vie et la mort, pour un même Idéal, les liens de la fraternité brisée par les coutumes et l'esclavage antiques.

Les nations qui grandissent sous la poussée de l'idée chrétienne, en régularisant la conception de la société et en la perfectionnant, se coulent dans le moule des coutumes, des lois et des dogmes chrétiens. Ce mouvement de formation est lent ; il s'accentue et se complète jusqu'au xv⁰ siècle, où la désagrégation qui envahit les œuvres les plus parfaites hâte son travail destructeur. L'Idée, travestie au dehors et au dedans, se retire de la collectivité spirituelle et temporelle, et regagne les hauteurs où on l'abandonne. Le paganisme avec son cortège de notions relatives et contingentes, fait une rentrée bruyante, envahissant jusqu'au sanctuaire. Voluptés anciennes, orgies des nuits de Néron et d'Hé-

liogabale, prestige de la fortune et des
honneurs ; glorification de la force matérielle, de la ruse, du mensonge, de la per-
fidie, tout cela ressuscite. Machiavel les
grave au fond de la conscience des princes
et des grands ; et bientôt le monde chrétien,
à peine vieux de dix siècles, s'ébranle déjà
de toutes parts. Une réforme s'imposait :
la pensée qui l'anime est sublime. Il s'agit de
rendre à l'idéal chrétien, la simplicité, la
pureté, la beauté évangéliques. Les réformateurs y parvinrent-ils ? Ne furent-ils pas
emportés par les événements et surpris par
l'imprévu ? Les éléments étrangers à l'idée
religieuse, facteurs inséparables de toute
réformation, n'entravèrent-ils pas leur volonté ? — Sans aucun doute la foule ignorante qui opta pour l'idée réformatrice fut
sincère. Mais les chefs le furent-ils ? Luther,
Calvin, Henri VIII ne paraissent-ils pas
s'être laissé conduire bien plus par la passion que par l'Idée ?

Est-ce à dire que les persécutions dirigées contre le mouvement réformiste, par la politique secrètement soutenue par d'autres formes religieuses, peuvent être justifiées ? — Non. — Il rentrait dans les notions réformatrices une certaine mesure de l'absolu. Le Vrai, le Beau, le Bon, le Droit, n'en étaient point absents ; et, c'est la raison pour laquelle on devait tout tenter avant d'essayer la violence. Aucune cause n'est désespérée lorsque l'Idée y pénètre par quelque endroit. Le raisonnement, la conviction, l'exemple, sont des armes autrement suggestives que des mousquets, pour agir sur des esprits, à tort ou à raison persuadés de la justice et de la sainteté de leurs revendications. A quoi finalement aboutirent les persécutions ? A exaspérer les partisans de la réforme ; à lui donner des martyrs, car tout homme qui donne sincèrement sa vie pour une idée mérite ce titre. L'outrance seule des principes nouveaux, pouvait naturellement amener leur chute. Il suffisait d'attendre, en faisant la part du feu.

D'ailleurs un instant contenue dans les siècles qui suivirent par la force matérielle au service de l'absolutisme monarchique, l'idée réformatrice obligée de se cacher et de se taire, devait se réveiller à la veille du grand coup de la Révolution française de 1789. Celle-ci eut une immense répercussion, à tous égards, sur l'univers entier. Les abus qui l'avaient préparée et appelée au jour, la firent également disparaître : tant les œuvres humaines, même inspirées par les plus nobles sentiments, apportent en naissant des germes de corruption et de mort. Malheureusement, en cette rénovation gigantesque des formes sociales usées, les idées relatives absorbent l'Idée de l'absolu. Les hommes qui mènent le mouvement, plus ambitieux du pouvoir, des honneurs, des richesses que du triomphe de

l'Idée pure, substituent aux grands et généreux principes de Liberté, de Justice, de
Droit, de Vérité et de Bien, les principes
de l'égoïsme et de l'orgueil. Leur activité
rédemptrice ne s'imprégna point de la
vertu purifiante du sacrifice et de l'amour ;
et c'est pourquoi leurs efforts se résolurent
en des lois et des formes similaires à celles
détruites, stériles et instables.

De nos jours, l'idée réformatrice a re-
commencé la lutte. Triomphera-t-elle ?
Tout semble le présager. Ses principes sont
généralement admis par les adversaires de
l'idée catholique, et par les défenseurs de
cette dernière, lesquels les pratiquent un
peu sans s'en douter. Au surplus, la première dégagée de tout apparat, intellectua-
lisée à l'excès, est devenue et tend à devenir l'exclusif domaine des âmes pensantes
par elles-mêmes et pour qui le culte ne
compte pas. Elle constitue le symbole de
la liberté de penser et de croire ; et c'est

beaucoup à notre époque. L'alliance du catholicisme avec les formes gouvernementales, quelles qu'elles soient, lui a été et lui sera fatale. Elle lui a donné une allure politique qui ne convient pas à un système religieux. En France surtout où l'on est habitué à considérer l'idée catholique comme liée aux intérêts du parti riche et puissant, de quelque épithète que ce dernier se décore, l'indifférence religieuse a pris en ces derniers temps, sous la menée de l'opinion, une tournure haineuse et outrageante, et la France est le héraut du Vrai comme du Faux, du Bien comme du Mal, à travers le monde entier.

Cependant et pour nous en tenir à l'objet de notre dissertation, généralement parlant, et sans nous arrêter à une forme religieuse quelconque, de quelque manière, sous quelque aspect, en quelque sens que l'on envisage l'Idée divine, on ne peut ni en contester, ni en discuter la puissance. Elle éclate

dans l'existence de ces hommes qui abandonnent les jouissances, les honneurs, les
plaisirs, la fortune, le pouvoir pour se
consacrer tout entiers à l'étude et au service de la Divinité. Elle resplendit dans le
missionnaire qui délaisse le sol natal et les
avantages de la vie civilisée pour intro-
duire dans les pays sauvages le nom et le
règne de leur Dieu. Elle se révèle dans
l'enthousiasme et le fanatisme des fidèles
attachés aux systèmes théogoniques du
paganisme ancien et moderne, ou aux formes religieuses différentes du christianisme. Quoique altéré, faussé, diminué par le
prestige des prêtres et des chefs de ces divers cultes, l'idéal divin exerce quand
même une influence incontestable sur les
âmes trompées. La conquête du monde par
les Musulmans, les prodiges de jeûne et de
tortures physiques accomplis par les faquirs,
les coutumes barbares de certains peuples
païens, n'établissent-ils pas le triomphe de

l'absolu religieux, voilé, défiguré, amoindri, rapetissé sans doute dans les multiples
incarnations ou modifications à lui prêtées
par l'esprit humain, mais qui n'en demeure
pas moins, sous ces déguisements, une frac-
tion de l'Idée?

CHAPITRE IV

Forces opposées à l'Idée.

La puissance de l'Idée s'exerce dans tous les sens et à tous les degrés de l'échelle des êtres. Libres ou fatals, ils constituent le champ dans lequel s'exerce l'action idéale.

Or cette action est-elle sans limites ? Ne trouve-t-elle pas des oppositions incessantes ? des obstacles, des difficultés qu'il faut combattre sans trêve, et qui opiniâtrément renouvelés, sembleraient devoir l'anéantir, si elle pouvait être ruinée ?

Car souvenons-nous que l'Idée est éternelle. Ce n'est donc pas qu'elle puisse être vaincue ; elle subit seulement des éclipses ; elle disparaît un instant ; elle s'évanouit ;

ou plutôt, comme nous le disions au chapitre précédent, elle se retire sur les hauteurs où on l'abandonne pour courir vers la Force qui veut l'opprimer et la détruire.

La Force elle-même est multiple. Elle se diversifie en une infinité de résultantes secondaires. L'argent est une de celles-là, et la première à notre époque. Son pouvoir est immense et son influence désastreuse. Tout s'achète, jusqu'aux consciences ; et à la honte de notre siècle, les acheteurs trouvent des vendeurs. Les billets de banque ouvrent toutes les portes et toutes les carrières ; nulle part, ils ne sont déplacés. Le mérite, le talent, la vertu, les plus brillantes qualités s'effacent devant le prestige des mains dorées. De l'argent ! il en faut pour soutenir son rang ; pour satisfaire les mille exigences créées par l'exagération du luxe et le raffinement de la civilisation. Il en faut pour continuer et entretenir ses relations, commerce qui repose sur des échan-

ges de politesse banale, dans un décor de
mobilier somptueux et de repas fastueux.

Qu'est-ce que l'honnêteté, l'honneur, l'ho-
norabilité, la vérité, la justice, le droit,
devant l'argent?

Le premier venu, enrichi en je ne sais
quelles spéculations plus ou moins avoua-
bles, n'a-t-il pas ses entrées dans toutes les
familles dont le nom symbolise les plus nobles traditions et les sentiments les plus
élevés ? Quelles barrières ne s'ouvrent pas
pour laisser passer les rois de l'or ? Et malgré le mépris que peut leur vouer l'homme
qui est obligé de les servir, ils s'avancent
plus puissants que les plus puissants princes,
assurés de voir s'accomplir leurs volontés
ou leurs désirs, et d'obtenir le respect et les
honneurs qu'ils se croient dus.

L'argent a tout avili : la guerre, la persécution, la vie et l'amour. On souffre, on jouit
par lui. Tous nos actes s'imprègnent de lui.
Il a chassé le dévouement et l'honneur. Une

seule chose est à craindre : la pauvreté que, comme au temps de Tacite, on s'accorde à reconnaître pour le pire de tous les maux (1).

Et cependant l'argent ne représente qu'une force matérielle. Il constitue la puissance financière, et par le fait, se cache derrière une multitude d'autres énergies qu'il soutient de son crédit. Néanmoins, c'est justement à cause de la matérialité de l'argent que l'Idée peut espérer se mesurer victorieusement avec lui.

En effet, l'argent dégoûte à la longue ceux qui l'emploient, par la facilité avec laquelle, dans une certaine mesure, il leur apporte le triomphe. Il engendre la honte chez les hommes qui d'abord fascinés par lui, se reprennent et examinent, au plus intime de leur conscience, l'abjection et l'ignominie de leur conduite.

Toutefois, les forces opposées à l'Idée ne

(1) Paupertatem præcipuum malorum credebat. (Tacite, *Opera.*)

rentrent pas toutes dans la matérialité. Il
en est d'immatérielles et qui, participant en
quelque sorte à la nature idéale, deviennent
d'autant plus redoutables, qu'elles emploient pour lutter les mêmes armes que
l'Idée.

La presse est une de ces puissances.

Née du besoin légitime de répandre et de
divulguer la parole ou la pensée, longtemps
retenue dans les bornes étroites que l'art
des âges passés n'avait osé ou n'avait pu
franchir, la presse a atteint en notre siècle,
l'apogée de son influence et de sa domination.

Par son origine et par son but, elle paraît
appelée à une mission divine et à l'exercice
d'un magistère réellement religieux. La
mode et l'opinion, ces deux forces insaisis-
sables, sont ses tributaires. Elle les crée souvent de toutes pièces. D'autres fois, au contraire, elle les insinue, et peu à peu, les fait

naître, grandir et accepter sans aucune
réclamation.

Comme jadis Rome commandait à l'univers, ainsi la presse commande aujourd'hui
à tous les mondes connus. Les découvertes
scientifiques modernes l'ont admirablement
servie. Le télégraphe et le téléphone lui
apportent en quelques instants les nouvelles
qui du jour au lendemain, changent la face
des affaires, les ébranlent ou les rassurent
et trouvent leur contre-coup jusque dans les
bourgs les plus reculés. Chaque matin, l'ar-
tisan, le fonctionnaire, le rentier, absorbent
en même temps que leur premier repas, le
premier Paris de la feuille à un sou ; et je
ne crois pas me tromper en affirmant que
pour un observateur sagace, il est facile de
reconnaître, à la manière de penser, de s'ex-
primer et de juger d'une personne, quel est
le journal dont elle subit l'influence et dont
elle demeure le scrupuleux écho.

Malheureusement la presse, ou pour

mieux dire, une certaine presse, jusqu'à présent du moins, n'a ni compris sa mission, ni exercé son sacerdoce. Au lieu de faire servir son influence au triomphe de l'Idée, elle a mis docilement sa puissance au service de la Force matérielle. Eprise de la grandeur de son rôle, elle n'a voulu satisfaire que son orgueil et ses ambitions, et pour devenir souveraine, elle s'est faite l'esclave de tous.

La puissance financière a profité de sa diffusion pour lancer dans le public des affaires profitables à quelques-uns et ruineuses pour le plus grand nombre ; en un mot séduite par l'argent, facilement achetable, la presse a éprouvé les haines et les préjugés des uns pour les armer contre les autres ; semant la division, là où il aurait fallu qu'elle enseignât la paix et la concorde ; prêchant la suprématie des sens sur l'intelligence ; préférant à la certitude

4

de la vérité, ce qu'elle sait n'être que la probabilité de l'opinion.

L'opinion ! autre force contre laquelle l'Idée doit incessamment lutter. Déjà avant qu'elle fût secondée par la Presse, l'opinion pouvait être comptée au nombre des énergies les plus capables de tenir l'Idée en échec. Subtile, elle envahit les intelligences et les cœurs. De Maistre la compare à la vapeur. « Pour la former il faut du feu ; mais quand une fois, elle est formée, elle soulèverait les Pyrénées. Alors les hommes ne se comptent plus à la manière ordinaire, ils ne s'ajoutent plus ; ils se multiplient les uns par les autres (1). »

En effet, pour former l'opinion, il faut remuer les masses, les échauffer, les enflammer même ; et ces masses ainsi travaillées se lancent sans hésiter dans le courant tracé par elle. Munis de cette effrayante puissance, les hommes conduc-

(1) De Maistre (*Lettres et opuscules*, t. I).

teurs des peuples, organisent les révolutions, renversent les gouvernements, modifient les principes sociaux, et ébranlent jusqu'en leurs bases, vieilles quelquefois de plusieurs siècles, la constitution et les lois d'un pays. Par elle encore les ambitieux atteignent rapidement le pouvoir ; et elle donne à ceux qui la servent ou la secondent, l'irrésistible prestige et le facile pardon du succès.

Car le succès, aux yeux du monde, consacre tous les actes et absout de tous les crimes. On s'inquiète peu de la justice d'une cause ; de sa beauté, de sa grandeur ou de sa sainteté. On néglige d'examiner les moyens qui la servent et l'on passe rapidement sur leur honnêteté. On va au but. Est-il atteint ? L'œuvre est parfaite, et son auteur, quel qu'il soit, fût-il le plus rusé coquin, a droit à toutes les louanges. Le but est-il manqué ? jamais œuvre ne fut plus néfaste, ni plus mal conduite. D'ailleurs, on pouvait facilement prévoir la catastrophe. Qu'était l'homme qui avait entrepris et dirigé cette œuvre? Un niais, un imbécile, quand on ne s'avance pas jusqu'à décorer le malheureux des épithètes de voleur ou de criminel.

Le paganisme, c'est-à-dire, la déification de toutes les forces matérielles et des idées périssables, avait élevé des temples au succès, sous le nom de la Fortune. L'Idée avait détruit ces autels. Or, voilà qu'ils reparaissent, et la société moderne s'éprend d'un zèle inexplicable pour les relever. Le dieu qui y préside ne fait point de différence entre le juste et l'injuste, le vrai et le faux, le bon et le mauvais. Les couronnes plaisent seules à cette divinité fantasque; et dans les chants qui retentissent sous la coupole de ses temples, éclate la fameuse note: *væ victis!*

Or, la victoire, en ce bas monde, appartient au plus fort et au mieux armé. Dans la lutte étrange constituant la vie, le vainqueur ne doit connaître ni scrupule, ni pitié ; et si la justice semble absente de sa cause, il l'y fait rentrer par la force et les apparences.

En ce genre nul n'a plus de talent que le pouvoir d'Etat. Celui-ci résume en sa nature, les énergies brutales et idéales. Il les combine ; il les mobilise ; il les additionne et leur résultante totale se traduit par une tendance générale à combattre et à expulser tout ce qui n'est pas lui ou ne va pas vers lui. Il utilise quelquefois adroitement, toujours audacieusement et impudemment, l'opinion, la presse, l'argent, le nombre et les canons pour s'assujettir les intelligences, dominer les volontés, acheter les consciences, écraser les velléités d'indépendance et rabaisser toute fierté.

Telle est l'œuvre à laquelle se livre, sans interruption, n'importe quel pouvoir d Etat. — Plus impérieusement que le Christ, les gouvernements répètent : « Qui n'est pas avec moi, est contre moi. » Et alors même qu'en dépit de l'argent, de la presse, de l'opinion, du nombre et de la force armée, une âme solitaire se dresserait assez courageuse pour essayer de soutenir les droits de l'Idée, aura-t-elle assez d'habileté pour ne point s'égarer et se perdre dans le dédale où l'enserrent les multiples réseaux d'une formidable organisation ? Le pouvoir ramène tout à lui, parce qu'il a besoin de sécurité pour vivre et pour progresser.

Or, un pareil pouvoir est-il vraiment celui qui doit présider aux destinées de la société ? Que deviennent les droits de l'individu, ses libertés, ses fonctions ? et si l'individu est tout entier au service, à l'usage de l'Etat social, que lui restera-t-il pour lui-même ?

C'est pourquoi l'Idée qui est la Liberté, le Droit, la Justice, la Vérité s'insurge contre un semblable absolutisme. Elle le combat à outrance, avec acharnement.

Elle se rit des obstacles et des complications qu'on sème sur sa route. Elle leur oppose sa simplicité, sa droiture et sa candeur. Elle dédaigne le vain succès parce qu'il n'a qu'un moment et qu'elle est éternelle ; elle brave l'opinion, parce que l'opinion est sœur du doute, et qu'elle, l'Idée, porte en sa nature une entière certitude. Elle s'appuie sur le bataillon de la Presse qui veut la suivre et qui se fait un honneur d'être son porte-voix ; elle méprise l'argent qui achète et qui vend, parce qu'elle a pour la servir, le dévouement, le sacrifice et la mort !

CHAPITRE V

Incarnation de l'Idée.

Cependant si l'Idée rencontre pour s'affirmer des difficultés et des obstacles, s'il
est nécessaire pour les surmonter qu'elle
lutte opiniâtrément contre la Force utilisée
et maniée par les idées périssables, il lui
reste malgré tout une espérance de victoire. Car tous les cœurs ne lui sont pas
fermés.

Certains esprits offrent même une géné-
reuse et loyale hospitalité à la grande Per-
sécutée. Ils lui dressent un trône dans le
Sanctuaire de leur conscience ; ils vivent
quotidiennement dans son commerce ; ils

s'habituent à la considérer comme faisant partie de leur être ; en un mot ils s'identifient avec elle.

Et comme l'Idée, tout en demeurant une, se présente sous de multiples formes et qu'elle revêt plusieurs aspects, chacun de ses hôtes, en l'étudiant sous une des faces qui le séduit davantage, finit par incarner, quelquefois à ses propres yeux, quand l'individu est sincère, presque toujours aux yeux des masses, l'une des formes idéales apparues.

D'ailleurs cette incarnation est nécessaire. La foule pour si instruite qu'on la puisse concevoir, est ennemie de l'abstraction. Elle ne saisit guère que le concret. Elle individualise ses sentiments, ses impressions, ses compréhensions. Elle les symbolise dans un homme qui reproduit visiblement et sensiblement le concept qu'elle se crée d'un acte, d'un état, d'une habitude. En un mot, elle a besoin même pour l'Idée, de l'enchâsser dans une sorte de reliquaire vivant, qui la lui garde et la lui traduise et où elle puisse la retrouver et l'idolâtrer.

Ainsi s'explique l'auréole surhumaine, que la légende ou l'histoire aidées du temps, tracent autour des héros de l'Idée. Il suffirait d'ouvrir les fastes de l'humanité, pour découvrir dans l'imposant défilé des célébrités plus ou moins vraies, plus ou moins méritées, les lumineuses physionomies des individus qui incarnèrent la Forme idéale.

Il faudrait des pages et des pages pour inscrire le catalogue entier de ces noms illustres. Les uns perdus dans l'obscurité des premiers âges, nous arrivent estompés par les embellissements mystérieux de la tradition comme les personnifications lointaines et vagues de nos conceptions actuelles ; les autres, se détachant de l'ombre où vécurent leurs devanciers, se précisent à nos yeux et se gravent en des traits inou-

bliables sous le burin des événements de leur
époque et des circonstances de leur vie.

Socrate, Aristide, Brutus, Charlemagne,
Louis IX, Grégoire VII, Godefroy de Bouil-
lon, Jeanne D'Arc, Bayard, Kosciusko,
O' Connell ; Phidias, Apelle, Raphaël, Mi-
chel-Ange ; Démosthènes, Cicéron, Bossuet,
Eschyle, Sophocle, Corneille, Racine, le
Dante, Milton, Gœthe ; incarnations sublimes de Vérité, de Justice, de Droit, de
Liberté, de Beauté, de Bonté, de Patrie, de
Sacrifice, de Devoir et de Dévouement !
mais incarnations incomplètes, car chacune
de ces individualités ne donne asile dans sa
personnalité qu'à une seule forme de l'Idée
qui, nous le savons, reste unique dans l'intellect divin pour ne se diversifier et ne se
diviser que dans l'intellect créé.

Or, si les formes idéales évoquées par
certains noms, illustres du passé ou du présent, et rendues sensibles par cette sorte
d'incarnation aux masses et même aux

esprits d'élite, sont séparées par les individualités, cependant toutes se réunissent et
se retrouvent en un être qui, après avoir
vécu à une époque déterminée du temps,
s'est survécu et se survit encore à travers
les âges.

Cette personnalité qui concentre en une
seule incarnation toutes les formes idéales,
on devine par qui elle est constituée. Au
nom sacré du Christ, toutes les intelligences éprises de l'Idée, s'inclinent, car
ce nom l'affirme et la concrétise magnifique-
ment.

Aussi les hommes sans parti-pris et sans
prévention, sont-ils d'accord pour déclarer
que parmi les figures qui se sont levées à
l'horizon de l'humanité, aucune n'a plus de
charme, plus de beauté, ni plus de splendeur que celle de Jésus-Christ.

L'antiquité a eu ses sages. Jalouse des
hommes de génie qu'elle avait engendrés,
elle a entouré leur existence et leurs œuvres

d'un prestigieux décor d'intelligence, d'é-
nergie et de grandeur. Solon, Lycurgue,
Numa apparaissent à l'origine des Sociétés
anciennes, enveloppés de cette prestigieuse
célébrité qui nimbe le front des génies. Or
pour tant qu'elle ait fait, l'histoire antique
n'a pu grouper autour de ces noms vénérés
l'amour et l'adoration, l'admiration absolue
et le sacrifice, le dévouement et la prière.
Ils restent isolés dans leur gloire stérile, ces
hommes qui passèrent à l'aube des temps
civilisés, comme de superbes météores. Ils
ne rencontrent dans le ciel de la pensée
qu'une admiration relative ; et leurs noms
n'éveillent plus aujourd'hui qu'une passa-
gère curiosité.

Les âges modernes, eux aussi, comme
l'antiquité, ont eu leurs penseurs et leurs
philosophes. Héritiers des maximes et des
principes de leurs primitifs devanciers dans
la législation des peuples et l'explication
des événements, les sages des époques con-

temporaines de nos pères ou qui forment le
cadre dans lequel nous nous mouvons, ont
essayé, par leurs enseignements et leurs
écoles, d'attirer à eux cette admiration, ce
respect, cet amour, disons le mot, cette adoration (car l'homme, lui aussi, veut être
adoré) que n'avaient pu obtenir leurs ancê-
tres dans la science et la pensée.

Emancipateurs de notre intelligence, li-
bérateurs de notre volonté, ils ont vu leurs
efforts échouer au rivage insondable de
l'insouciance humaine. Leurs travaux, leurs
veilles et leurs expériences nous ont enri-
chis de multiples bénéfices ; mais leur souvenir a disparu avec le cercueil qui a re-
cueilli leurs dépouilles au néant du tombeau.
Seuls les hommes qui se sont efforcés de
soulager les misères de l'humanité ont ré-
colté quelques parcelles de l'admiration
dent nous sommes si avares quand il s'agit
du prochain, un peu de notre respect, un
peu de notre amour, un peu et c'est tout.

Et pourquoi ne sommes-nous pas tombés
à genoux devant ces hommes, assez épris
du saint idéal de la charité, pour user leurs
forces intellectuelles et physiques, à secou-
rir, malgré l'ingratitude et l'oubli, les dé-
faillance morales et matérielles de la nature
humaine ?

Pourquoi? parce que ces hommes n'é-
taient que des hommes et qu'il faut à l'âme
comme au cœur humain, un Idéal qui les
domine et les subjugue. Et alors même
qu'ils l'eussent voulu, ces esprits supérieurs,
ces cœurs généreux, auraient-ils eu assez
de puissance pour soulager toutes les dou-
leurs, pour apporter un baume salutaire aux
plaies de l'âme et un remède guérisseur aux
maladies du corps ? Qui sait même, si leur
désir charitable fut complètement sincère ?
s'ils travaillèrent seulement pour le soula-
gement de leur prochain ? s'ils ne furent
point tentés par l'éclat de la réputation ?
si dans le bruit de leur renommée, ils ne se

glorifièrent pas eux-mêmes secrètement ; si,
en un mot, leur intention fut pure et s'ils
pensèrent à rendre au créateur de leur talent, à l'inspirateur de leurs efforts, au
grand faiseur du succès, la part de gloire
qui lui revenait dans leur triomphe ?

Car l'homme épie ardemment les faiblesses de son semblable. Il les suppute ; il les
découvre avec une merveilleuse lucidité. Il
démêle habilement à travers les fleurs du
désintéressement, les fleurs de l'orgueil et
de l'égoïsme. Il frappe hardiment à l'endroit vulnérable ; il scrute, avec avidité,
les tares, les déchéances, les compromissions des heureux ou des glorieux du monde,
pour ternir l'éclat de ce bonheur et de cette
gloire, pour rabaisser dans la considération
de tous, le nom du génie ou du talent.
N'est-ce pas un fait quotidien que celui que
je viens de décrire ? N'est-ce point vrai ?

Sans doute, la postérité préservée et dégagée des passions, essaie de faire revivre

par l'histoire et de fixer dans leur jour véritable, la physionomie des bienfaiteurs de
l'Humanité.

Cependant pour quel motif ne peut-elle
rendre aux cendres refroidies des grands
hommes, non plus leur propre vie, c'est
impossible, mais cette vie qui se prolonge
en l'existence de ceux qui nous survivent
et nous succèdent? Pourquoi ne communi-
que-t-elle pas à ces poussières célèbres, le
prestige et la force qui enfantent les héros
et les martyrs? La raison en est simple.
Ces poussières célèbres ne sont jamais que
des poussières humaines. Rien de divin ne
brûle dans ces ossements lavés par les vers
du tombeau. Vainement vous froissez dans
vos mains les cendres immortalisées par le
souvenir ! Quelques hommes, peut-être, y
réchaufferont leur cœur, parce que grands
comme ceux qui reposent dans la terre, ils
en ont compris la beauté et le sacrifice.

Mais la foule où ira-t-elle? l'immense

multitude qui représente l'humanité en ses joies et en ses peines, où se précipitera-t-elle? Elle ira aux pieds du Christ. Elle s'a-genouillera devant le souvenir de Jésus, surhumainement transfiguré, et là, aux pieds de son Rêve réalisé, elle contemplera en une adoration muette, l'incarnation de toutes les formes idéales.

Car il les posséda toutes excellemment le doux Christ des évangiles ! Sa destinée elle-même ne fut-elle pas de symboliser l'Idée ? La nature de Jésus, son tempérament, ses aptitudes l'exigeaient. Son existence fut l'existence terrestre de l'Idée. Elle vivait en lui, elle respirait dans sa poitrine ; elle transpirait dans tous ses gestes ; elle était l'objet de sa mission, et le Christ en avait une pleine conscience. Il en demeure encore aujourd'hui le type humainement parfait. Il en est l'expression souveraine, adéquate. Comme avec Dieu, il ne fait qu'un avec elle, puisqu'elle est Dieu. Il n'a pas besoin de l'expliquer ; il la porte en lui et il la montre. Il la reflète dans chacun de ses actes, dans toute sa personne qui emprunte aux formes idéales, la lumière, le charme et l'attrait.

S'il parle, sa parole est vérité. S'il juge, sa sentence proclame le triomphe du Droit. S'il guérit, son pouvoir atteste la Bonté. Il accueille également les riches et les miséreux, les heureux et les délaissés, les puissants et les faibles. Sa physionomie dit la Beauté. Son cœur ne fait point de différence entre le maître et l'esclave, car il veut la Fraternité et la Liberté. Il pleure sur Jérusalem, la Patrie. Il voit le devoir et il marche droit à lui.

Enfin, il s'immole, terminant par le sacrifice une existence tout entière écoulée à vivre l'Idée.

Or une pareille vie ne devait-elle pas appeler l'admiration, le respect, l'adoration des hommes passionnément épris de l'idéal?

de ceux qui veulent, à l'exemple de l'Homme-
Dieu, se sacrifier et s'immoler ? Voilà pourquoi, ces hommes ont fait plus qu'admirer,
qu'adorer le Christ ; ils l'ont aimé. Ils ont
fait monter vers lui la plainte de leur souffrance et de leur douleur. Ils l'ont choisi
comme le confident de leurs désillusions et
de leurs mécomptes, comme le héraut de
leurs revendications et de leurs espérances.

Et lui qui demeure fixé sur la Croix,
preuve sanglante et savante de la plus grande
des tendresses, il survit dans l'âme des hum-
bles, des petits, des ignorants et jusque
dans celle des savants vrais et modestes au
naufrage de tous les amours et de toutes les
connaissances. Il reste leur ami adoré. Il
subsiste en la vision de leur pensée, comme
le thaumaturge sublime, dont la marche
séculaire demeure enveloppée quoi qu'en
disent les ennemis de l'Idée, d'une rayonnante traînée de suprêmes Vérité, Beauté
et Bonté !

3.

CHAPITRE VI

Incarnation de l'Idée (*suite*).

Cependant si le Christ se survivait seulement dans notre souvenir, cette survivance
serait caduque et partant ne se distingue-
rait pas de celle qui est commune à tous les
héros de l'Idée.

Car l'homme disparaît; et si absolument,
son immortalité est essentielle en ce qui
concerne son âme, puisque l'âme est une
substance spirituelle, relativement, cette
immortalité est éphémère, parce qu'elle a
son point d'appui, comme nous le faisions
observer au chapitre précédent, quelquefois
dans la mémoire fugitive et inconstante de

nos semblables, le plus souvent sur la pierre usée par le temps.

Il ne saurait en être ainsi de l'immortalité du Christ.

Au contraire de celle qui nous est léguée par le marbre d'un sépulcre, la masse d'un monument ou par la feuille de papyrus sur laquelle se calque la page de l'historien, la sienne vit, respire, s'élance, du sein des mille poitrines qui la conservent comme une flamme sacrée. Elle trouve son principe dans les cœurs vivants qui la lui décernent et qui forment cette non moins vivante société appelée l'Eglise, héritière sacrée de l'esprit du Christ, et son éclatante personnification.

Or si l'Eglise personnifie le Christ, comme lui, elle doit incarner, à un degré intense, toutes les formes idéales. Il lui revient de les faire revivre en elle, de la même manière qu'elles vivaient dans son divin Maître. Elle doit demeurer en face de l'erreur, le dépositaire de la vérité ; en face du Mal, la manifestation du Bien ; en face du Laid la splendeur du Beau. Appréciatrice exacte de la valeur de l'Idée, elle s'acharne à la défense du Droit, pour préparer le triomphe de la justice, lutteuse opiniâtre, armée dans le combat de sacrifice et de dévouement, et toujours inquiète du Devoir.

Elle s'avance depuis vingt siècles, symbolisant en ses victoires et en ses défaites, la puissance et la faiblesse de l'Idée, certaine en la mêlée des opinions, vaillante devant la pusillanimité des lâches, fortifiée par la lutte, retrempée dans le choc et ranimée par l'éclair de l'orage.

Mais pour la foule comme pour les esprits d'élite, l'Eglise ne constitue jamais qu'une entité morale, une personnalité vague et indéterminée. Il est donc nécessaire qu'elle soit représentée à son tour, par un être réel et concret, par une personnalité limitée et distincte.

Le Pape est cet être réel.

Chef visible de l'Eglise et vicaire du Christ, le Pape incarne en son divin caractère, tout à la fois, les formes idéales d'abord synthétisées par le Dieu-Homme et par la Société Chrétienne. Nul, plus que lui, parmi les héros qui symbolisent, qui signifient ces formes, ne peut revendiquer cet honneur et ce danger. C'est là, la caractéristique, la marque distincte de sa fonction.

Comme ses frères, il est dépendant de la nature humaine et de ses faiblesses, mais il puise dans la méditation de la sublimité de son rôle, une volonté et des énergies que l'Idée peut seule lui communiquer. Il plane au-dessus du monde, comme autrefois le Christ sur la croix, objet de dérision et de raillerie pour ceux qui manient les forces matérielles ; objet de vénération, de respect et d'amour pour ceux qui pensent et qui comprennent.

Quelle mission magnifique que celle remplie, à travers les siècles, par cette papauté que rien ici-bas ne semble pouvoir atteindre et qui reste debout jusque parmi les ruines !

Semer l'Idée, la faire germer dans les âmes, la voir s'épanouir au chaud soleil de l'enthousiasme et porter des fruits récoltés ensuite par l'humanité, n'est-ce pas là le plus noble but que puisse viser un cœur d'homme, un cœur modelé sur celui même du Christ ?

Sans doute, symboliser, défendre propager, garder l'Idée, est une tâche difficile et périlleuse.

Dans les combats livrés par elle, la victoire paraît souvent incertaine, et les hommes les plus confiants en la justice de cette cause illustre parmi toutes, ont connu des heures de découragement et de dégoût. Mais si les angoisses du doute peuvent parfois envahir le gros de l'armée de ceux qui luttent pour l'Idéal, il faut que les chefs persistent inébranlables dans leur conviction. Il faut qu'ils affirment sans cesse, envers et contre tous, leur créance en la victoire finale, et que soucieux de leur rôle, ils ne renoncent jamais au triomphe, même lorsque la bataille paraît désespérée ou perdue.

Voilà la mission de Pierre et de ses successeurs ! Vainement, ils chercheront dans le livre qui renferme la vie et la destinée de leur maître, une autre mission, une cause moins difficile : sur le recto comme sur le verso de chacune des pages de l'Evangile, ils trouveront écrits ces mots sublimes : Je suis la Vérité, la Beauté, la Bonté, la Pensée, l'Esprit, le Droit, la Liberté, et c'est toi, Pierre, toi et tes successeurs qui devez à votre tour les incarner ici-bas.

Or le monde est puissant. Il est armé, nous l'avons vu. Il entend ne pas accepter le règne de l'Idée, qui lui impose par ses

charmes impérieux, l'obligation du Sacrifice, du Dévouement, de l'Amour, du Devoir
et du respect du Droit. Il se révolte et pied
à pied il commence la défense de ce qu'il
appelle ses droits.

Retranché derrière les barrières de ses
vices, de ses intérêts, de ses ambitions et
de son égoïsme il attend la lutte, comme
fortifiés dans une redoute qu'ils jugent inex-
pugnable, les soldats regardent, sûrs du succès, s'avancer l'ennemi. Il sait par expérience le prestige qu'exercent sur les cœurs
humains, l'argent, les honneurs, le plaisir,
le pouvoir. Il a conscience de la fascination
de ses moyens ; et c'est presque en se jouant
qu'il se prépare au combat.

A l'époque où la Papauté inaugura sa
mission, le monde avait concentré ses ressources et ses énergies dans une force unique qui synthétisait, tout à la fois, les
erreurs théurgiques et morales des religions
anciennes ou des systèmes philosophiques

et la doctrine politique glorificatrice et déi-
ficatrice de la Force matérielle.

Cette résultante unique, c'était Rome.

Empire immense et formidable, au dehors
par ses armées, au dedans par l'enchaînement de ses lois et de son organisation ad-
ministrative, Rome avait porté jusqu'aux
Indes, la crainte de son nom et la célébrité
de sa grandeur. Tout lui était soumis ; et
des plages d'Afrique aux rivages du Gange,
les ordres des Césars retentissaient impérieux et respectés. Par ses conquêtes, elle
avait unifié une multitude de nations, dont
les mœurs, les coutumes et la religion, s'é-
taient, de force ou de gré et à la longue,
complètement romanisées. Par le faste de
ses monuments, la richesse de ses palais, la
splendeur de ses temples, la beauté de ses
jardins, l'*Urbs* antique était devenue la première cité où s'étaient rencontrés la majesté de l'art et l'éclat des énergies matérielles. Elle-même par l'accaparement des

volontés nationales et la destruction des limites naturelles à chaque peuple, s'était constituée le centre politique, social et religieux de l'Univers. Rome était donc bien la résultante unique des forces mondiales des premiers siècles de l'ère chrétienne.

C'est au sein de cette puissance, au siège même de l'empire qu'un pêcheur de Galilée, inconnu de tous, méprisé à cause de son origine juive, se fait le héraut d'une doctrine qu'aucun nom illustre parmi les philosophes ne protégeait et qui devait dès son apparition exciter la méfiance des pouvoirs, soulever l'indignation et la haine des viveurs, s'attirer les railleries des intellectuels et la colère des foules.

Pierre, en face de cette coalition savamment organisée par les puissants, et régulièrement armée par la loi et les traditions, n'a pour attaquer et se défendre que sa parole et que son sang..... La parole ! glaive puissant dans la main de celui qui sait le manier et le conduire, instrument de domination ou de révolte, chemin de gloire ou de supplice ! Le sang !.... suprême témoignage d'amour et de sacrifice ! Et Pierre élève tout à coup la voix et jette aux carrefours de Rome stupéfiée, ces mots de Vérité, de Droit, de Liberté, d'Egalité, de Fraternité, qui allaient transfigurer la terre. Puis abreuvant de son sang le sol où s'assoiront les bases du siège de l'Idée, enfin victorieuse de la violence de l'oppression et des sens, il trace, dans cette marque de foi en sa mission et d'amour pour l'objet de cette mission, la ligne de conduite que suivront ses successeurs.

Des trente premiers, aucun n'échappera à la main du bourreau. Regardez-les passer. C'est à peine si la brièveté de leur apparition permet de compter les années de leur règne. Autour de leur front flamboie la rouge auréole des martyrs ; car, fidèles aux traditions de leurs devanciers, leurs lèvres n'ont su s'ouvrir que pour affirmer, au temps où ils étaient le plus foulés aux pieds, les droits de l'humanité.

Laissez venir Constantin. Sous cette ère de tranquillité et de paix apparentes, les Papes trouveront encore le moyen de subir la persécution et l'exil pour défendre l'Idée contre les erreurs armées des Montanistes, des Priscillites et des Iconoclastes, ces fous de la grande superstition et de la plus immonde corruption. Puis quand Charlemagne apparaît, ouvrant le moyen âge, la féodalité qui suit, avec son cortège de barbarie et de démoralisation trouve encore devant elle, pour lui barrer la route et mettre un frein à ses excès, le *non licet* des successeurs de Pierre.

La voix du Christ qui parle à la conscience sacrée des Papes, les oblige à ouvrir la bouche et à tenir tête aux empereurs et aux rois. Grégoire VII meurt en exil et à l'autre extrémité de cette époque qui avait connu, avec les plus belles vertus, les vices les plus affreux, Boniface VII trahi, abandonné de ses cardinaux et de ses serviteurs, refuse aux ambassadeurs de Philippe de France l'abdication qu'ils venaient chercher.

A ces grandes figures succèdent les Papes de la Renaissance : Léon X immortalisé par son siècle, Clément VII et Paul III, célèbres par leur lutte contre les réformateurs Luther et Calvin. Plus près de nous, aux temps modernes, c'est Pie VI, qui semblable à Grégoire VII expire loin de Rome, dans une ville de notre patrie. Comme son illustre devancier il avait commis le crime d'aimer la justice et de haïr l'iniquité : faute de tous les papes aux yeux des pouvoirs humains, mais qu'ils ne peuvent pas ne pas commettre sans manquer à leur mission.

De nos jours enfin, voici Pie IX et Léon XIII. Pareils à Pierre, ils n'ont pour attaquer et se défendre que la parole et que le

sang. Tous deux sont dépouillés de leur
couronne temporelle. Ils n'ont conservé du
riche patrimoine de saint Pierre que le
palais du Vatican. Le premier a voulu,
prisonnier volontaire, y finir ses longues
années d'épreuve et de tristesse et protester
par cette captivité, contre la violation en
sa personne de la Justice et du Droit. Le
second l'a imité ; il poursuit sans se ralen-
tir les revendications de son auguste pré-
décesseur. Privé des pompes qui entourent
les rois de la terre, le pape dans son aban-
don et son dénûment n'en demeure pas
moins la rayonnante incarnation de l'Idée.

Elle vit, elle palpite dans l'âme de ce
vieillard que l'Univers admire, conduisant,
calme et serein, au milieu des difficultés et
des épreuves, la destinée de l'Eglise du
Christ.

Par sa faiblesse matérielle et par sa puissance morale, Léon XIII symbolise réellement la grandeur Idéale. De son cœur for-

tillé par la visite de l'Esprit, monte à ses lèvres des paroles d'encouragement et de bénédiction pour tous ceux qui luttent et qui en appellent à son intervention. Les gouvernements humains, profitent de ses conseils ; et peut-être que, si plus attentifs à ses sages avis, aux lumières que le Pontife puise dans la prière, à l'impartialité que lui donnent ses chaînes, ils avaient suivi sa direction, bien des conflits, bien des luttes homicides eussent été évitées, bien des droits renversés au détriment de l'homme et de la Société, eussent été redressés ou jamais détruits !

Faire resplendir l'Idée, la faire vibrer dans les âmes, porter son rayonnement à travers les ténèbres de la matière, la refléter soi-même et l'entourer d'un prestige de majesté et de sainteté, telle est donc la mission grandiose de la Papauté dans le temps.

Sans doute ! le premier trône du monde

a vu des souverains indignes et a connu des
faiblesses et des hontes! Et qu'importe!
Un homme, quel qu'il soit, demeure toujours grand, quand au milieu des fautes
pardonnables de sa vie privée, il se souvient
des droits dus, au nom de Dieu, à la cause
sacrée de l'humanité. A cette vocation
sublime, aucun pape n'a failli. Tous ont
défendu et sauvegardé l'indépendance de
nos âmes et la liberté de nos consciences.
Héritiers d'un passé que le monde moderne
porte inscrit dans ses institutions et dans
ses fondements, ils n'ont pu oublier les
fleuves de larmes et de sang que coûta la
victoire de l'Idée. Ils se sont rappelés que
l'âme chrétienne fut formée aux bruits des
clameurs du Colysée ou dans le silence ma-
gnanime des Catacombes. Ils ont remonté
par le souvenir, la longue chaîne de leurs
devanciers, ces pontifes, dont le premier
fut contemporain, Apôtre, Ami, Serviteur
du Christ. Ils ont revécu leurs œuvres, leurs

gestes, leur histoire. Ils ont écouté dans le lointain des siècles, l'écho de leur nom mêlé aux agitations du monde, au silence des cloîtres, aux fracas des batailles ; à la formation des peuples ; au triomphe des lettres, des sciences et des arts ; au prémices des œuvres charitables ; à l'abolition de l'esclavage ; à l'élévation et à la chute des princes et des rois.

Cette participation retentissante de la Papauté à tous les événements de l'univers a confirmé les Pontifes romains dans la certitude qu'ils avaient et qu'ils ont de la puissance, de la vitalité et de l'immortalité de leur mission. Les gloires du passé leur ont permis d'aborder sans crainte les luttes du présent et de soulever avec une confiance illimitée, les voiles de l'avenir. Ils savent, à n'en point douter, qu'ils représentent le Christ ici-bas ; et, qu'à leur tour, ils incarnent cette Idée, si noblement symbolisée par leur Maître, si vaillamment défendue par Lui, et sortie avec lui, plus que jamais vivante, à l'aurore du jour de la Résurrection, des ténèbres de la mort intellectuelle et morale du monde ancien.

CHAPITRE VII

Triomphe de l'Idée.

De la nature de l'Idée, nous avons conclu sa puissance morale, sa fécondité active, intellectuelle et esthétique, son empire irrésistible sur les intelligences et sur les cœurs. Les forces matérielles qui lui opposent leur action ont bien réussi en une certaine mesure et pour un temps, à l'éclipser et à la reléguer dans un exil plus ou moins lointain, et plus ou moins prolongé. Mais l'idée se fait jour à travers les obstacles. L'humanité est sa patrie. Nulle part elle ne se trouve isolée ou perdue. De nobles esprits la

4.

recueillent et lui offrent dans leur âme une
hospitalité qui se change bientôt en un culte
adorateur. Elle-même pour se faire connaître et aimer pour les intelligences les moins
ouvertes, et, pour se rendre accessible à tous,
s'identifie avec les hommes qui lui donnent
ce refuge. Le Christ est la perfection de
cette identification. Il se survit et s'incarne,
à son tour, dans l'Eglise et dans son chef ;
et, c'est en ces diverses incarnations que
l'Idée étale toute sa beauté, sa noblesse, sa
puissance réelle et sa faiblesse apparente.
Car l'Idée, nous l'avons vu, apparemment
est faible, pauvre, infirme même.

Or cette faiblesse apparente vient-elle de
sa nature ? lui est-elle innée ? Dans ce cas,
sa défaite est certaine. Les hommes, par
tempérament, par instinct, par inclination,
penchent plus vers le mal que vers le bien,
plus vers l'erreur que vers la vérité. Leurs
passions les aveuglent ; leurs préjugés faus-
sent leur jugement ; leurs intérêts parlent

plus haut que leur conscience ; et comme le
flot des ans en renouvelant les générations
humaines ne modifie que très lentement
le sang qui coule dans leurs veines, il est
clair que l'Idée finira par sombrer et disparaître devant les systèmes progressivement
envahisseurs de l'Utilitarisme, du Positi-
visme, du Matérialisme et de l'Athéisme.

Heureusement, nous connaissons la nature idéale et nous ne redoutons point un
pareil désastre. Nous savons qu'elle jouit
du privilège de l'éternité, puisqu'elle se con-
fond avec l'Eternel lui-même. Ce n'est donc
pas dans son essence que se trouve la source
de son infirmité ; en cherchant ailleurs,
nous la découvrirons.

Descendons plus bas, parmi les peuples
ou les individus qui symbolisent les formes
idéales, qui les propagent ou les défendent.
C'est là que nous l'apercevrons.

En effet, ne sont-ils pas fragiles, incons-
tants, pauvres, alliant à l'or céleste, la

rouille terrestre, salissant quelquefois de leur contact grossier la pureté virginale de l'Idée, ces hommes ou ces foules qui veulent combattre et mourir pour elle ? N'est-ce point à leur imparfaite intellection, à leur amour trop passionnel et pas assez subtil, à leur infirmité réelle, que nous devons imputer sa mensongère infirmité ?

Certainement. Et si les individus qui détiennent la force brutale et qui la manient pour la satisfaction de leur plaisir et l'assouvissement de leurs instincts, combattent perpétuellement le règne de l'Idée, s'y refusent, le renversent et mettent au service de leur haine, leur science, leur talent et leur génie, ne faut-il pas également convenir que ce règne n'est pas toujours imposé ni défendu avec assez de sang-froid, d'habileté, de prudence et de délicatesse par ceux qui sont dûment considérés comme ses défenseurs ?

Déduirons-nous de ces échecs transitoires,

pour un temps que nul ne peut fixer, la ruine définitive de l'Idée ?

Nous l'avons déjà dit. Tant que la lutte entre la force morale et la force brutale aura la terre pour théâtre, il n'y a point de doute qu'à part certaines alternatives de succès, la première paraîtra succomber sous les coups de la seconde. Mais viennent les jours éternels ! Alors l'Idée prendra son éclatante revanche. Dans les champs de l'Immortalité, elle déploiera hardiment ce drapeau que tant d'âmes oubliées, sacrifiées mais fières, auront soutenu de leur vaillance, gardé de leur amour, et baigné de leur sang. Elle rassemblera sous ses plis, en une innombrable phalange, tous les dévouements et tous les sacrifices. Elle triomphera enfin, parce que le triomphe final appartient au Justicier suprême, et qu'elle n'est elle-même que la radieuse émanation de la divine essence et l'image de sa vérité.

Mais ce triomphe, si assuré qu'il soit, ne semble-t-il pas trop lointain aux soldats de l'Idée? Ne sera-ce que la pensée de l'au-delà qui les animera et qui les réconfortera dans la bataille ? N'auront-ils pas, dès ici bas, la consolante vision d'un juste succès couronnant leurs efforts? Resteront-ils étrangers à cette joie indicible procurée par la revanche du Droit contre l'injuste, soit qu'ils l'aperçoivent dans le passé, soit qu'ils en deviennent les témoins dans le présent ou encore qu'ils la présagent pour l'avenir?

Non. Il est nécessaire que même sur la terre, les soldats de l'Idée, aient la satisfaction d'acclamer la victoire de leur cause ; et pour acquérir cette satisfaction, ils n'ont qu'à regarder dans l'histoire.

Par l'expérience et par la logique, celle-ci leur démontre que les peuples trop faibles pour résister longuement à l'invasion et à la conquête des peuples plus forts, ont vu

quelquefois avec rapidité, d'autres fois suc-
cessivement, les empires créés par les des-
tructeurs de leur nationalité, se désagréger
à leur tour, s'émietter, se dissoudre et finir
lamentablement au milieu des discordes
civiles ou par des séparations reconsti-
tuant, au moyen du souvenir et sous l'impulsion d'un mouvement irrésistible, les
Etats jadis fondus, englobés dans la masse,
en nouveaux Etats autonomes, libres et in-
dépendants. Tel, aux époques primitives,
l'empire égyptien considérablement agrandi
sous Thoutmès III, puis déformé par Cam-
byse, roi des Perses. Tels encore, les empires Médique, Babylonien, Ninivite et Per-
sique. Plus tard voici l'immense et fragile
empire d'Alexandre, rapidement dépecé
par ses capitaines. Puis celui de Rome, en-
vahi, morcelé, détruit par les barbares qui
se taillent une patrie dans chacun des ter-
ritoires enlevés à cette puissance. Au
moyen âge, l'empire islamique et celui de

Charlemagne s'éparpillent et se résolvent en royaumes secondaires. Avant sa mort, Charles-Quint est témoin de l'écroulement du sien. En 1770, l'Amérique échappe à l'Angleterre ; et en 1815, l'Europe bouleversée par Napoléon, reprend la physionomie qu'elle avait quinze ans auparavant.

Il n'est donc pas possible d'étudier impartialement les causes de la disparition des peuples, sans se trouver forcé de discerner, parmi les éléments générateurs, l'action du Droit et du Juste lésés, utilisant et précipitant les événements qui semblent naître du cours ordinaire des choses, pour assurer la sanction des lois générales qui président à ces sortes de désastres.

Quelques-uns verront dans ces retours de la Destinée, l'incessante rénovation des êtres et leur perpétuelle évolution, s'accomplissant aussi bien pour les collectivités

que pour les individus ; une véritable consé-
quence de la lutte pour la vie, qui fait que
la nation, forte au moment de la conquête,
puis affaiblie par la jouissance et la quié-
tude, finit par devenir inférieure devant un
adversaire plus courageux et plus jeune :
ceci est encore vrai. Mais, il ne faut pas
oublier, qu'au-dessus de ces considérations,
plane un principe connu et préconisé même
par la philosophie antique : Ne fais pas à
autrui ce que tu ne veux pas qu'il te soit
fait à toi-même. Tout ce qui est injuste et
violent, ou ne dure pas ou reçoit une répercussion identique et quelquefois supérieure dans les jours futurs. Les Boërs ont
excité l'admiration de l'univers contemporain par leur héroïsme et leur énergie.
En les voyant tomber, les esprits religieux
n'ont pu se défendre d'une sorte d'acca-
blante tristesse. Inconsciemment ils accu-
sèrent la Providence qui paraissait aban-
donner ce petit peuple, symbole, à leurs

7

yeux, du Droit et de la Liberté. Cependant
nul ne s'est souvenu ou n'a voulu se souvenir que, il y a trois siècles, dans l'invasion
du territoire du Cap, les races autochtones
ne trouvèrent aucun sentiment humanitaire
chez leurs vainqueurs.

Ces mêmes esprits ont-ils pris soin, lors
de la récente guerre entre l'Amérique et
l'Espagne, de remonter aux quinzième et
seizième siècles qui ouvrirent à la vieille
Europe éblouie, les perspectives dorées des
mondes nouvellement découverts. Au nom
de son roi, Fernand Cortez, pour se rendre
maître du Mexique et de l'or de Guatimozin,
fait mourir cet empereur sur un gril qui
remémore celui de saint Laurent.

Les cruautés des Américains de 1900
justifient-elles la férocité des Espagnols de
1506 ? — Nous l'avons déjà dit, le crime
appelle tôt ou tard sa punition. Toutefois,
n'est-il pas permis de regarder, comme une

compensation effrayante aux tortures infli-
gées jadis, les supplices subis hier ?

Ces catastrophes du passé n'offrent-elles
pas pour le présent et pour l'avenir de pré-
cieuses et concluantes leçons ? S'étendre
sans fin ne crée-t-il pas pour les Etats modernes le même danger qui exista pour les
Etats anciens ? Les causes qui ont présidé à
leur ruine reparaissent aujourd'hui et seront
là encore demain. Tôt ou tard, comme
pour la Grèce, le feu qui couve sous la cen-
dre d'un pays conquis et subjugué trouvera
pour le ranimer et lui rendre sa flamme des
héros et des vengeurs.

La différence des mœurs, des religions,
des langues, des conceptions sociales et
politiques, forme des barrières infran-
chissables et redressables. Seule, l'Idée peut
les traverser, parce qu'elle est immatérielle
et qu'elle laisse aux individus ainsi qu'aux
sociétés, l'entière liberté ce leur organisa-

tion politique, sociale et religieuse. Elle est
de tous les temps et de tous les climats ;
elle vit sous tous les ciels. Elle chante,
elle pleure dans la maison du pauvre aussi
bien que dans le palais du riche. Elle est la
joie de tous, parce qu'elle dit la Sainte
Liberté, l'inviolable équité.

L'idée triomphe donc dès ici-bas. Aidée
par le temps, elle tire des dédains de la
Force brutale, une altière vengeance : et ce
qu'elle fait pour les nations, elle le fait
également pour les individus. L'oppression,
l'injustice du plus fort envers le plus faible,
a, un jour, son châtiment. Sans doute
cette punition, pareillement à celle des
nations, n'est pas toujours immédiate, su-
bite, momentanée, néanmoins pour se faire
attendre, elle ne perd rien de son inexora-
bilité. On cherche quelquefois les motifs
qui font d'un individu, une sorte de victime
expiatoire. Sa vie est cependant connue de
tous. Elle apparaît claire, nette, limpide,

sans aucune ombre de vice ou de malhon-
nêteté.

Remontons plus haut et lisons dans
l'existence de ses père et mère ou de ses
aïeux. Empruntons, un instant, l'œil divin,
pour scruter la vie de ceux à qui il doit le
jour. Nous y découvrirons une injustice
habilement perpétrée ; une conduite scan-
daleuse savamment dissimulée ; des crimes,
enfin, restés impunis, ignorés de tous, connus de Dieu seul. « Propter peccata patrum
puniuntur filii (1). » C'est la seconde revan-

(1) Bossuet dans son *Traité de la connaissance de
Dieu et de soi-même* (Chap. IV, n° 11) développe longuement les raisons qui justifient à toutes les époques
la croyance de l'humanité à la solidarité des individus
et des collectivités. Nous y lisons : « Parce que les
hommes, naturellement sociables composent des corps
politiques qu'on appelle des nations et des royaumes
et se font des chefs et des rois ; tous les hommes unis
en cette sorte sont un même tout, et Dieu ne juge pas
indigne de la justice de punir les rois sur leurs peuples et d'imputer à tout le corps le crime du chef.

« Combien plus cette unité se trouvera-t-elle dans les
familles, où elle est fondée sur la nature, et qui sont
le fondement et la source de toute société. »

che de l'Idée, qui poursuit jusque dans les enfants les fautes de leurs parents.

Quelle erreur que celle des hommes qui répètent avec l'impie du livre des Saintes Ecritures : « J'ai failli et que m'est-il arrivé de fâcheux ? » Si ce n'est pas sur moi que la foudre éclate, elle tombera sur mes fils innocents, ou si ceux-ci sont épargnés, sur mes petits-fils, innocents eux aussi, attachés à leurs devoirs, scrupuleusement avides d'honnêteté et de bien ! et quelle plus grande expiation pour un père ou une mère, dont l'âme immortelle se survit à jamais dans l'au-delà, que de pressentir, de deviner, de lire dans le livre de l'immanente justice, les tortures, les tourments et les angoisses moraux ou physiques supportés, à cause d'eux, par leurs descendants !

Le motif pour lequel, ne nous apercevant pas de cette action continue mais sourde de la Puissance idéale contre la force brutale asservie aux idées transitoires, nous finis-

sons par nous lasser devant l'insuccès de la
Vérité et la *chance* de l'erreur, s'explique
par la position peu élevée et peu stable que
nous occupons dans l'immense chemin parcouru par le temps. En contre-bas de la
route, nous n'embrassons qu'une moindre
partie de l'horizon, tandis que l'Idée, dont le
coup d'œil est infini, le mesure et le perçoit
tout entier.

Les horreurs de la révolution de 1789 ne
furent pour la noblesse et le clergé que le
retour sanglant peut-être, mais juste des
Formes idéales méconnues par ceux qui
auraient dû entretenir, propager et défendre leur culte. Sans doute, bien des justes
expièrent pour les coupables. Toutefois les
classes sociales, comme les familles, sont
solidaires de leurs vertus et de leurs vices.
A son tour, la Bourgeoisie infidèle à son
programme, stigmatisée, elle aussi, par les
tares héritées de l'ancien ordre de choses,
les mains encore teintes de sang, peut pres-

sentir sa déchéance, aux prodromes évidents d'un prochain bouleversement.

Cependant le triomphe que lui apportera sa nature et le temps sera-t-il celui que nous pouvons rêver pour l'Idée ? Ne pressentirons-nous pas une autre victoire due celle-ci à la perfectibilité de l'humanité, qui reconnaissant les droits de l'Idée, les respectera aussi bien chez les peuples que dans l'individu ? — Ne sonnera-t-il pas une heure où tous les hommes s'appliquant strictement à l'accomplissement de leurs devoirs, à une mutuelle tolérance des opinions et des croyances, à la pratique d'une réciproque affection, feront régner dans leurs pensées leurs actes et leurs paroles, le vrai, le bien et le juste et se soumettront volontairement à leur ascendant et à leur direction ?

Ne pas croire à ce nouveau triomphe de l'Idée sur la terre, c'est vouloir inutilement douter des progrès indéfinis dont l'humanité est susceptible (1). Il viendra une heure, où las d'avoir continuellement sur les lèvres les expressions sublimes que revêtent les formes idéales, nous finirons par les fixer dans nos cœurs. Nous est-il défendu d'aspirer à la réalisation de ce grand espoir? d'en saluer par avance les bienfaits salutaires? Ne nous est-il pas permis de travailler personnellement, par la répression de nos pires instincts, la domination de nos passions, l'élévation de nos vues et de nos sentiments, à l'amélioration de nous-mêmes, et d'entraîner les autres, par nos exemples, dans cette voie admirable?

Et lorsque de l'âme des individus ces pensées auront passé dans l'âme des peuples, ceux-ci comprendront à leur tour que tout en conservant les frontières qui protègent leur race et leurs mœurs, il est besoin pour

(1) Le mal, le grand mal est qu'on n'a pas foi à la puissance de la vérité; on croit à la violence de l'homme, et l'on ne croit pas à la force de Dieu. (Lamennais. *Paroles d'un croyant.*)

favoriser l'établissement des généreux principes de l'humaine solidarité, d'élever au-dessus des fleuves, des mers et des monta-tagnes, le réseau des liens qui rattachent les esprits et les cœurs. Ainsi sera préparé dès ici-bas, le triomphe définitif de l'Idée, présage consolant de celui qui aura lieu là-haut !

CHAPITRE VIII

CONCLUSION

Moyens d'assurer le triomphe de l'Idée.

Mon cher ami,

L'Idée triomphera, c'est là notre certitude : et sur cette certitude, je veux clore ces quelques pages, pâles reflets des hautes pensées qui visitèrent votre âme, l'émurent et la remplirent de ce trouble d'où vous vouliez, à tout prix, sortir.

Ce triomphe, vous l'avez vu, nous pouvons le prophétiser, en nous basant sur la nature de l'Idée ; sur son auxiliaire, le temps, et sur les progrès indéfinis de l'humanité susceptible de gravir les degrés de la plus élevée perfection morale, celle que le Christ nous a laissée comme héritage.

Sans doute, avant de remporter cette ultime et terrestre victoire, l'Idée subira, comme nous le faisions remarquer, des éclipses et des arrêts ; mais il dépend de nous, d'accélérer l'heure où elle vaincra définitivement.

S'imaginer que tous les efforts doivent venir de son côté, sans que nous ayons rien autre chose à faire qu'à la contempler, c'est grossièrement se tromper. Elle porte certainement en elle, les moyens de perfectionner notre nature, à une condition toutefois, qui est de suivre son action et de la seconder.

Croiser les bras n'est point difficile. Or est-ce là ce que la Puissance idéale attend de ses fidèles, de ses chevaliers ? — Comment donc le feu qui la consume, parviendra-t-il à pénétrer nos cœurs, si nous ne

savons ni la comprendre, ni l'aimer, ni l'é-
couter ?

Car il faut comprendre l'Idée pour la
servir, lui être utile, et la faire régner dans
les âmes de ceux qui nous entourent, et sur
lesquels, soit par notre situation, soit par
notre affection, nous avons quelque influence.

Pensez-vous que si les hommes qui se
disent les amants de l'Idée, se rendaient
un compte exact de leurs obligations, nous
serions les témoins des turpitudes et des
effondrements auxquels nous assistons ?

— Ce qui déroute le plus un esprit droit
et clair, étudiant la Société contemporaine,
me disiez-vous, ce sont les compromissions
et les contradictions des individus ou des
collectivités qui la composent. Rarement,
ils savent mettre d'accord leurs paroles et
leurs actes. Vous ajoutiez que ce désaccord,
peut-être pardonnable chez les ignorants,
mais inexcusable, à coup sûr, chez les let-

trés, s'accentue et contraste douloureuse-
ment, quand on le découvre jusque parmi
les hommes qui passent aux yeux de tous,
pour représenter les plus nobles et les plus
saintes traditions.

Vous l'aviez même entrevu chez ceux à
qui leur caractère paraissait commander
d'appartenir plutôt aux réalités substan-
tielles de l'Eternité qu'aux apparences
chimériques du monde ; et vous aviez fermé
les yeux, pour ne point sonder plus avant,
des existences que la main de ce Christ
demeuré, malgré tout, votre Idéal et votre
Dieu, avait consacrées. Votre âme avait
souffert de ces cruelles constatations. Elle
ne pouvait saisir comment il était possible
de demeurer à la fois les Chevaliers de
l'Idée et de vivre comme ses adversaires et
ses ennemis acharnés.

La raison de ces différences est cependant
bien simple.

Tous les fidèles de l'Idée ne se créent pas

d'elle le Concept adéquat nécessité par son intellection. L'entendre parfaitement n'est réservé qu'aux âmes qui cherchent, sans répit et sans lassitude, à la pénétrer et à s'en pénétrer. Or ces âmes sont rares par le monde.

Ne vous étonnez donc pas des misères que vous apercevez chez les soldats de l'Idée. Elles font partie de la nature humaine. Sans doute nous pourrions souhaiter qu'elles soient plus réduites et moins éclatantes ! Seule l'intellection complète des formes idéales en restreindra le nombre et en diminuera l'éclat. Il est plus difficile de saisir la vérité que l'erreur. Celle-ci aime à revêtir les dehors de sa rivale ; elle sait que son prestige est plus fascinateur, quand elle l'emprunte à son hypocrite beauté. Elle nous séduit et nous captive ; et nous suivons ce qui nous enchaîne. D'ailleurs par tempérament, nous sommes enclins à contrarier notre esprit, merveilleusement apte

à rechercher le vrai, contre lequel, cependant, protestent toutes les passions de
notre cœur. N'est-ce point par une aberra-
tion inexplicable des intelligences que l'existence de tant d'individus, élevés d'abord
dans les meilleurs principes, et plus tard
convaincus de leur vérité, soit, pratique-
ment, si différente de la théorie ? et n'est-ce
pas par un sens atrophié ou perverti du
Beau, que ces mêmes individus préfèrent
à la véritable Beauté ce qui n'en est que la
contrefaçon ? Cette perversion de l'intelligence nous fournit l'explication de l'impor-
tance et de la place données dans l'admiration et les préoccupations de notre
époque, aux gens de théâtre et à tout ce
qui les concerne. Il est reçu qu'une actrice
de la Comédie-Française assure un minis-
tre des Beaux-Arts de sa haute considération, pendant que celui-ci lui répond par
l'hommage de ses respects. Elle bénéficie
d'un traitement de 20.000 francs : et l'hum-

ble ouvrière, restée honnête, qui gagne le pain des siens, parents infirmes ou frères et sœurs élevés par elle, reçoit, avec un titre de rosière, pour l'engager à persévérer dans le Bien, la forte somme de 500 francs.

L'exagération des sports et des autres exercices physiques, ne prouve-t-elle pas la dédaigneuse ignorance des esprits pour l'Idée et leur totale absorption dans les progrès de l'apothéose des forces matérielles?

Sans doute, il est nécessaire d'assouplir nos membres et de leur communiquer cette robustesse qui les rendra capables de supporter sans trop d'altération la fatigue et les privations. Mais pourquoi, d'un côté, se tant soucier du développement des énergies physiques si de l'autre, ces mêmes énergies sont dépensées à satisfaire, et cela dans toutes les classes sociales, les caprices, les fougues et les appétits honteux des sens?

J'admets que l'on considère les sports comme des dérivatifs puissants destinés à combattre les habitudes néfastes de l'alcoolisme et de la débauche. Mais que ne lutte-t-on contre les doctrines qui les préconisent ou les favorisent ? et pourquoi n'accorde-t-on pas à l'Idée cette attention qu'elle exige et qu'elle réclame pour rayonner dans les âmes et y opérer sa salutaire action ?

Cependant comprendrions-nous toute la vérité de l'Idée, toute sa Beauté et bonté, que ce ne serait pas encore assez pour aider à l'extension de son influence et à la réalisation de sa domination. Il faut davantage. Nous devons l'aimer.

Or qui dit Amour, dit transformation par le dévouement et le sacrifice. Celui qui aime véritablement n'aspire qu'à s'élever jusqu'à l'objet aimé, à le posséder, lui ressembler, se l'assimiler, et par cette ressem-

blance, cette possession, cette assimilation,
à lui attirer de nouvelles affections, de plus
sincères dévouements et de plus profonds
sacrifices.

Le premier résultat de l'amour que nous
vouerons aux formes idéales, sera donc de
nous transformer, nous surhumaniser, nous
transfigurer nous-mêmes, en attendant que
notre exemple agisse sur les autres. Ce travail nous sera facile, si nous nous souve-
nons des difficultés qu'ont vaincues, dans
l'antiquité, les hommes de génie épris de
l'Idéal, et qui tentèrent par cet amour, de
sortir des chemins battus par l'ordinaire
humanité.

Ces difficultés étaient plus ardues que
celles de notre temps. Privés des forces ap-
portées par les enseignements du Christ,
ces hommes n'ont pu puiser le courage et
l'énergie nécessaires à la lutte contre les
instincts qui nous dégradent et les pen-
chants qui nous ramènent vers la bête, que

dans la conscience de leur supériorité intellectuelle ou dans l'amour de la vertu pour la seule vertu. Ils n'avaient point de modèle : et l'Homme par excellence, ne leur avait point apparu. Ils marchaient au hasard, tantôt s'attachant à la gloire de la réputation, tantôt s'appuyant sur les calculs intéressés du Bien, tantôt séduits par la Beauté réelle d'une vie de lutte et de combat ; mais rien de précis n'éclaira leur chemin. Ce fut par la méditation des préceptes et l'inspiration des exemples des héros qui les précédèrent que ces hommes ont triomphé de leurs vices et se sont élevés à des hauteurs qui nous étonnent encore aujourd'hui.

En effet, l'épreuve supportée, la souffrance aimée, la douleur comprise, la mort acceptée, grandissent l'âme qui sait les vouloir et y consentir. Elles lui communiquent une vigueur qui la rend susceptible des entreprises les plus hautes et les plus

périlleuses. Elles lui font braver les opinions et les préjugés du monde, quelquefois
plus difficiles à vaincre que les obstacles
de la nature physique. L'homme qui fuit les
honneurs, méprise les richesses, rejette
l'ambition, pour qui le pouvoir est sans
prix, sur le cœur duquel les voluptés terrestres n'ont pas de prise, qui les abandonne
pour courir vers la vertu et le devoir, vers
le bien et la vérité, cet homme n'est plus
un homme : il touche à la surhumanité.
Quelque chose d'extraordinaire se lit en
lui. Son âme traverse son regard et imprime à ses traits une physionomie qui
trouve son modèle dans la surnature, sur
les confins de la divinité. Tels furent dans
l'antiquité : Socrate, Solon, Epictète, Caton,
Scipion, Zénon et de nos jours, tous les
saints proposés par l'Eglise à notre admiration et à notre imitation.

Si des païens, aidés de la seule raison,
ont pu, par leur persévérance et leur éner-

gie, donner de semblables résultats, que ne pourrons-nous pas, nous qui joignons à une connaissance plus complète de l'Idée, une expérience non moins étendue de nos devoirs ?

Il importe donc que nous sachions également nous dévouer et nous sacrifier personnellement d'abord. C'est ce qu'ont fait les martyrs, et c'est ce que font, dans un autre camp, les apôtres des idées périssables et de la force matérielle. S'immobiliser dans la contemplation des formes idéales et croire que leur triomphe est assuré et s'impose par l'unique ascendant de leur beauté et de leur vérité, serait, je le répète, une déplorable illusion.

Il faut donc lutter pour entraîner ceux qui nous regardent.

L'assaut des honneurs, des richesses, du pouvoir, n'est condamnable que lorsqu'on veut les conquérir pour eux-mêmes. Il n'est nullement défendu de les désirer et d'y parvenir, quand on les envisage comme des moyens destinés à assurer le triomphe de l'Idée. En les recherchant, nous ne lui sommes point infidèles, parce que nous nous proposons, une fois acquis, de les lui immoler.

Aux efforts déployés pour comprendre et pour aimer l'Idée, vous unirez la résolution de l'écouter parler et d'obéir à ses inspirations.

Or, ses inspirations se perçoivent surtout dans la solitude, loin du bruit et des rumeurs des hommes ; et pour entendre sa parole, il est nécessaire de quitter la plaine et de gravir les sentiers de la montagne. Car, c'est là qu'elle nous invite à la suivre et qu'elle nous donne rendez-vous. Parvenus au sommet, vous y verrez des choses que nulle langue né pourra jamais vous décrire, et vous y entendrez des paroles que personne ne pourra vous répéter. L'Idée sera votre maître. Elle vous dira les rai-

sons qui ont motivé votre ascension sur une
montagne élevée et solitaire. Loin de la
terre, elle vous fera estimer à leur juste
valeur, les petitesses de l'homme, l'inanité
de son orgueil et de sa vanité, le ridicule
de ses prétentions, la laideur des vices et
la vulgarité de la foule humaine. Près du
ciel et enveloppé des nuées qui dérobent
aux habitants de la plaine, le sommet des
montagnes, vous découvrirez mieux les
perfections de l'Idée. Vous mesurerez au
compas de l'Infini l'étendue des plaines
célestes où fleurissent les vertus qui forment les caractères et qu'arrosent les fleuves du dévouement et des fécondes immo-
lations. Vous recevrez le souffle de l'esprit
qui vous arrivera sans le mélange des tem-
pêtes et des orages de l'atmosphère inférieure. Toutes ces agitations se passeront à
vos pieds. Vos yeux, tendus vers les cimes
où vous savez que l'Idée réside, ne s'en aper-
cevront même pas. Distraite de tout le reste,

votre âme cherchera la Réalité de cette
Vérité, de cette Beauté, de cette Bonté, de
cette Justice, de ce Droit, entrevus ici-bas,
dans vos rêves et qui tout à coup se montrera à vous. Vous l'appellerez et Elle vous
répondra. Vous la regarderez et son regard
se croisant avec le vôtre, embrasera votre
cœur d'un amour qui vous fera oublier tous
les amours terrestres. Elle vous apparaîtra
sublime, plus belle, plus aimante que la
fiancée même à qui vous aurez donné votre
foi. Et tandis que vos yeux charmés, ne
pourront se détacher de l'idéale physionomie, vos oreilles attentives à sa voix, écou-
teront ravies les conseils qu'elle vous don-
nera.

Elle ne vous invitera pas à rester continuellement dans la solitude où vous l'aurez
suivie et où vous vous serez reposé des
mesquineries mondaines; elle vous conviera,
au contraire, après avoir retrempé votre
courage à l'air pur et vivifiant respiré sur

les hauts sommets, à retourner parmi les hommes qui la méprisent et les foules qui l'insultent, pour soutenir sa cause avec plus de chaleur et d'acharnement.

Elle vous rappellera que les résolutions viriles se fortifient dans la bataille, que les héroïsmes naissent dans la douleur, et que les conceptions formatrices des grandes âmes germent et prennent racine dans le brisement des tendresses du cœur.

Elle évoquera le passé et vous montrera combien furent puissants les individus et les peuples qui surent se dévouer et se sacrifier. Elle vous dira que les hommes sont grands en raison du don de leur vie fait pour Dieu ou pour leur pays. Elle vous affirmera enfin, que sans le sang, rien de durable ne se fait ici-bas. Alors convaincu de la nécessité du dévouement et du sacrifice, vous irez à la source où les générations anciennes les ont puisés, vous irez à l'Idée, qui seule, peut vous indiquer la mesure dans laquelle vous devez dépenser vos forces, votre existence même pour assurer le triomphe de vos principes et le salut de votre patrie !

FIN

IMPRIMERIE F. DEVERDUN, BUZANÇAIS (INDRE).

BUZANÇAIS (INDRE), IMPRIMERIE F. DEVERDUN.